JUGES EN CORSE

Sous la direction
de Jean-Michel Verne

JUGES EN CORSE

Robert
Laffont

ISBN 978-2-221-21710-8
Dépôt légal : janvier 2019

À Claude Érignac

Era ora[1]

C'est l'un de ces beaux matins d'été qui donnent à l'extrême sud cette couleur si particulière. Et ce jour-là s'étale dans les colonnes du quotidien *Corse-Matin*[2] une interview du procureur de Bastia. Nous sommes à quelques semaines du départ de Nicolas Bessone de l'île de Beauté. On y apprend que le magistrat est placé sous protection policière pour sa fermeté affichée face aux supporters du Sporting Club de Bastia (SCB), le club de foot de la ville. Les dérapages de ses « aficionados » sont légendaires... Les supporters ne peuvent lui pardonner. Alors ils menacent de s'en prendre physiquement au procureur.

Mais dans quelle île sommes-nous pour qu'il faille placer un magistrat sous protection policière ? Déjà le terrible assassinat, le 6 février 1998, du préfet Claude Érignac avait prouvé que la Corse changeait d'ère, que tout devenait possible, surtout le pire. Les assassinats de notables qui n'ont cessé depuis en témoignent[3].

1. En langue corse, cela signifie : « Il était temps. »

2. « L'empreinte judiciaire de Nicolas Bessone », Fabrice Laurent, 9 juillet 2017.

3. Notamment ceux en 2006 de Robert Feliciaggi, l'homme des réseaux « Corsafrique », en 2012 de l'avocat Antoine Sollacaro et du président de

Quelques mois plus tôt, à l'occasion de mes maraudes journalistiques, nous évoquions ensemble l'ouverture prochaine du procès de Paul Giacobbi, le jovial mais trouble président du conseil exécutif de Corse poursuivi, entre autres, pour détournement de fonds publics. J'ai connu Nicolas Bessone alors qu'il occupait les fonctions de procureur adjoint à la Juridiction interrégionale spécialisée (JIRS) de Marseille et officiait en grand spécialiste de la criminalité organisée italienne. Changement de décor en Corse certes, mais même parfum mafieux mêlant grand banditisme, marchés publics et monde politique.

Je ne sais pourquoi, chaque fois que je remets les pieds dans la cité bastiaise j'ai comme un pincement au cœur en pensant à ces moments intenses passés à la tête de l'éphémère quotidien *24 Ore*, en 2010. Le Marseillais que je suis, qui a de solides attaches dans l'île de Beauté, est recruté par des actionnaires locaux qui ambitionnent de lancer un quotidien concurrent à *Corse-Matin*. Un projet qui s'avère au bout du compte bien trop ambitieux, faute de moyens financiers suffisants…

Cette expérience riche et absorbante me révèle combien il est délicat de mener ici un projet éditorial novateur. J'ai compris toutes les difficultés pour un continental – fût-il comme moi très proche de l'île – d'exercer un métier exposé en Corse. Les magistrats et moi avons connu les mêmes embûches. L'isolement parfois, les coups tordus, souvent, avec ce je ne sais quoi

la chambre de commerce de Corse-du-Sud Jacques Nacer, ou en 2013 du président du parc naturel régional de Corse, Jean-Luc Chiappini.

qui vous colle à la peau, cette ambiance étrange, dérangeante, qui fait que jamais vous ne serez totalement à l'aise, comme si vos faits et gestes étaient eux-mêmes sous étroite surveillance. Aucune relation n'est réellement transparente et sincère. C'est décidément bien compliqué, la Corse.

Rosario Crocetta, figure emblématique de l'antimafia en Sicile, m'avait confié un jour lors d'une interview inoubliable : « Avant d'arriver aux responsabilités, j'avais l'idée de ce qu'était la mafia. Quand j'ai pris mes fonctions, je l'ai sentie[1] ! » La mafia, ça ne s'imagine pas. Cela se vit, cela se ressent surtout. Et la Corse, c'est pareil. Il faut la sentir pour la comprendre. Tour à tour maire de Gela, une cité industrielle au sud de la Sicile, et président de la région entre 2012 et 2017, l'homme politique a vite compris le fonctionnement tortueux de Cosa Nostra, son immixtion dans le tissu socio-économique de l'île et tout l'embarras à écarter du jeu l'une des plus puissantes organisations criminelles au monde. Et pourtant il réussit, avec ses modestes moyens, à nettoyer les marchés publics de cette gangrène, à virer les fonctionnaires suspects et à redonner à la Sicile espoir et dignité.

La situation est-elle transposable à la Corse ? Cette île retrouvera-t-elle un jour un climat plus apaisé ? Il est tout aussi délicat de répondre, tant le règne du tout argent, du tout tourisme, donc du tout business, pousse inexorablement la Corse sur une route aux dangereux lacets. Au fil des années, cette interpénétration entre

1. Entretien avec Jean-Michel Verne, 2008.

politique, vie économique et mafia insulaire est devenue plus prégnante, tellement prégnante que parfois on les confond. Dans mon petit bureau du quotidien *24*, proche du boulevard Paoli, j'ai le souvenir d'un éditorial où j'évoquais justement cette dérive à la sicilienne. À l'été 2010, une série d'assassinats dans la zone de Sartène avait choqué l'opinion insulaire, à tel point que la population était descendue dans la rue. Mais, comme toujours en Corse, le calme à peine revenu, c'est déjà l'oubli...

Mes écrits ont dérangé. Je l'ai compris. Je me remémore cette une du quotidien évoquant la mise en cause d'un notable de la Brise de mer et d'un *frateddu*[1], lui-même élu au conseil départemental. Je me souviens d'un étrange effet boomerang : plus jamais ça, sinon attention à toi, l'étranger... C'est aussi ça la Corse, l'emprise mafieuse qui se ressent partout. L'intimidation, les messages, trop fréquents.

Mais, d'un autre côté, je garde le souvenir de contacts avec des gens sincères et passionnés, d'une vérité de la Corse qui apaise, une sorte de quiétude qui vous enveloppe entre mer et montagne et ce ciel si bleu. Mais cette quiétude de façade ne doit pas pour autant faire baisser notre vigilance. La Corse est une île de contradictions qui mérite notre attention. Une île où les compétences sont nombreuses. Reste à les fédérer.

Je suis la démonstration de cette difficulté à intégrer l'« Autre » dans la réflexion. Croyant benoîtement avoir « fait mon trou » en installant ce journal si prometteur

1. « Frère. »

sur les présentoirs, me voilà donc brusquement indésirable. Je me vois contraint de déguerpir sans sommations, disons-le clairement, sous la pression de réseaux locaux subitement devenus hostiles. J'ai tenté de résister, en vain. Morale de l'histoire : toute vérité n'est pas bonne à dire…

Aux origines du livre

Allez savoir pourquoi, mais quelque chose a ressurgi à la lecture de cette interview du procureur Bessone. Je ne suis pas surpris d'apprendre que cet homme qui incarne la loi républicaine, est depuis plusieurs mois sous protection policière après avoir fait l'objet de menaces explicites. Il s'est longtemps refusé à prendre cette décision qui, indiscutablement, le coupe de la société corse. Au fil de ces trois années passées sur l'île, il n'a cessé de s'attaquer à la corruption des élus et à cette infiltration mafieuse qui grimpe à tous les étages de la société insulaire. Ceci explique peut-être aussi cela.

Ce combat féroce aboutit à des résultats, et non des moindres, comme la condamnation de Paul Giacobbi[1], élu incontournable, homme fort de la Corse jusqu'à la déferlante nationaliste. Giacobbi l'homme des clans, héritier d'une longue dynastie de politiques locaux.

1. Paul Giacobbi est successivement condamné en première instance à trois ans de prison ferme, peine convertie en sursis par la cour d'appel de Bastia, le 9 mai 2018, assortie de 25000 euros d'amende et de cinq ans d'inéligibilité. L'arrêt est l'objet d'un recours en cassation.

D'autres élus l'ont suivi dans les prétoires. Nicolas Bessone est « l'homme qui aurait fait tomber Giacobbi ». On ne peut lui pardonner. Il est donc temps pour lui de partir.

C'est ainsi que, rapidement, après une rencontre instructive avec ce magistrat, une idée germe dans un restaurant bastiais sous le regard bienveillant de ses gardes du corps attablés à proximité. Il s'agit de faire témoigner dans un ouvrage plusieurs de ses collègues qui ont occupé des fonctions sensibles dans l'île de Beauté et qui, pour certains, se sont consacrés sur le continent à la lutte contre la grande criminalité insulaire *via* des structures dédiées, je pense évidemment à la JIRS de Marseille.

J'ai donc pris mon bâton de pèlerin formidablement guidé, je dois le dire, par Jacques Dallest, ancien procureur à Ajaccio et Marseille qui a réellement marqué de son empreinte le fonctionnement de la justice en Corse. J'ai parcouru la France, rencontré ces magistrats tous profondément marqués par leur expérience insulaire à tel point que, malgré les menaces, les pressions subies, certains ont voulu y retourner ! Je pense en particulier à Philippe Toccanier qui, malgré une tentative d'attentat qui a failli l'emporter lui et sa famille – comme il le révèle pour la première fois dans ce livre[1] –, postule pour le poste de procureur de Bastia. Mais le poste lui est refusé : trop de risques, lui dit-on…

1. Voir le chapitre 3, p. 95.

Son témoignage est très parlant. Tout autant que celui de Roland Mahy[1] qui, lui, retournera dans l'île, mais comme avocat. Il nous parle de son « attachement irrationnel » à la Corse, presque passionnel si l'on se réfère à son témoignage d'une déroutante sincérité. Toccanier, Mahy, mais aussi Jacques Dallest, Bernard Legras ou encore Patrice Camberou, nous parlent des années de plomb, ces années 1990 marquées par le crime extrême : l'assassinat du préfet Claude Érignac. Ils évoquent leur travail de magistrat, certes, mais aussi leur vie dans l'île, l'isolement, l'inquiétude pour leur sécurité et celle de leur famille. La difficulté, aussi, à mener une existence normale dans un environnement souvent hostile.

Les faiblesses de l'État

Il nous a semblé essentiel que ces hommes, protecteurs de la loi républicaine, témoignent au grand jour. Car c'est le plus souvent en silence que ces magistrats quittent leurs fonctions, certains usés, d'autres déçus mais tous avec un petit goût amer dans la bouche. L'amertume de n'avoir pu mener leur mission jusqu'au bout.

L'ambiguïté du rôle de l'État dans l'île n'est pas étrangère à cette sensation. C'est l'une des données essentielles de cet ouvrage. Une ambiguïté que j'ai moi-même perçue lors de mon séjour à Bastia. Les témoignages qui suivent illustrent parfaitement cette fragilisation savamment dosée, à l'image des rapports entre l'État et la

1. Voir le chapitre 1, p. 25.

Corse, alternance de laxisme et de fermeté sans véritable ligne directrice. Les errances de l'État sont-elles à mettre au passé ? Dans cet ouvrage sont évoqués les nombreux dérapages incontrôlés de la puissance publique, des dérapages qui ont consisté à favoriser notamment un clan nationaliste contre un autre avec des conséquences dramatiques, nous le verrons. Parfois aussi, un clan mafieux contre un autre…

J'en viens à la deuxième série de témoignages, celle des juges des années 2000 comme Nicolas Bessone, Claude Choquet, Guillaume Cotelle, Romain Manie-Samson. Des magistrats qui se sont penchés sur le « crim org », comme ils disent. Au travers de leurs « auditions », ils nous révèlent l'ampleur du mal et la puissance nucléaire de la mafia corse, qui non seulement dirige en sous-main l'économie insulaire, la vampirise, mais envahit les circuits financiers internationaux. Nos magistrats évoquent au passage les actes parfois équivoques de certains *consiglieri*[1], ces avocats insulaires – fort minoritaires au sein de la profession – qui se comportent en membres de clan. On apprend que ces robes très noires jouent un rôle trouble dans des manipulations à l'origine de sanglants contentieux entre bandes rivales. Ils savent instrumentaliser à loisir juges et journalistes. On appelle cela des « poussettes ». Un langage réservé, nous le verrons, aux initiés.

Les neuf magistrats qui témoignent dans ce livre n'ont pas tergiversé longtemps et interviennent de façon

1. En italien, le terme *consigliere* désigne ces avocats qui apportent sans états d'âme aide et assistance aux organisations mafieuses. Un rôle incarné de façon mythique par Robert Duval dans le film *Le Parrain*, en 1972.

indépendante. Cette démarche leur est apparue non seulement salutaire mais essentielle à la compréhension de l'épineuse question corse. Ils décodent pour nous presque trente années de l'histoire connue ou secrète de l'île.

La Corse n'est pourtant guère prisée par les magistrats du continent, tout du moins pour les postes dits « ordinaires ». Longtemps, seuls les postes de procureur général de Bastia, procureur des tribunaux de grande instance (TGI) de Bastia et d'Ajaccio ou de président de TGI étaient réellement convoités. Avec des variations selon les périodes : en 1996, ils sont seulement trois à postuler pour le poste de procureur d'Ajaccio finalement octroyé à Jacques Dallest, l'un des témoins de cet ouvrage[1] ; en 2015, onze visent le même poste, devenu de fait plus convoité en raison d'un climat d'apaisement, loin des tensions des années 1990. Il convient enfin de distinguer la situation des juges du siège qui peuvent rester de longues années dans l'île de celle des procureurs, plus exposés. Il est rare qu'ils demeurent à leur poste plus de cinq ans.

Les « natios » au pouvoir

À l'heure où les nationalistes – terme générique qui couvre en fait une mosaïque de tendances parfois antagonistes – ont pris le pouvoir, de nombreuses questions se posent : cette mystérieuse mafia corse, fort silencieuse depuis l'arrivée aux manettes de la coalition

1. Voir le chapitre 5, p. 137.

entre l'autonomiste Gilles Simeoni et l'indépendantiste Jean-Guy Talamoni, aura-t-elle sa part du gâteau ? La défaite des clans historiques, les Giacobbi, les Rocca-Serra, laminés par les urnes, n'est-elle pas un leurre ? D'autres groupes sont-ils en passe de conquérir le territoire, ou, plus grave, l'auraient-ils d'ores et déjà conquis ?

Ce climat particulièrement poisseux, pesant par exemple sur le milieu de la sécurité, de la gestion des déchets, de l'immobilier, ainsi que les tergiversations du pouvoir nationaliste en pleine crise de légitimité, nous plongent inéluctablement dans une forme de perplexité. Il est cependant notable qu'aucun des magistrats qui témoignent dans ces pages ne doute de la bonne foi des élus nationalistes, ce qui est plutôt porteur d'espoir. Nos témoins émettent simplement des réserves, des réserves justifiées par leur fine connaissance des problématiques insulaires, des connexions transversales entre le politique, l'économique et le grand banditisme.

Mais l'inquiétude gagne dans un climat marqué par le retour de la violence. Certes le Front de libération nationale corse (FLNC) a déposé – pour l'instant – les armes. Mais le double assassinat en décembre 2017 d'Antoine Quilicchini et de Jean-Luc Codaccioni symbolise, à coup sûr, l'acte préparatoire d'une nouvelle guerre qui pourrait faire des dizaines de victimes. La tentative d'assassinat en septembre 2018 de Guy Orsoni à Ajaccio est aussi un indicateur fort. Quilicchini, dit « Tony le boucher » – ça se passe de commentaires –, Codaccioni le fils spirituel de Michel Tomi – le parrain des réseaux de la Corsafrique –, Guy Orsoni – fils d'Alain, le leader emblématique du Mouvement pour l'autodétermination (MPA) –, c'est la reprise d'une tragédie sans fin. La saga de la mafia corse, tour à tour mêlée ou opposée au nationalisme.

Comment ne pas évoquer ici le retour aux affaires de Charles Pieri, ex-figure du FLNC, que certains vilipendent pour son passé aux frontières du nationalisme et de l'affairisme mafieux. D'autres événements sanglants ne manqueront pas d'alimenter la chronique des faits divers d'ici la parution de cet ouvrage. Et ce d'autant que les durs du nationalisme, déçus par la tiédeur de leurs dirigeants politiques, souhaitent en revenir aux anciennes méthodes pour faire plier l'État : autrement dit, à la violence et aux attentats.

Au cœur de cette saga éditoriale, qui remonte de l'orée des années 1990 jusqu'à aujourd'hui, pèse irrémédiablement l'image mythique de la Brise de mer, dont le noyau dur a explosé dans le sang ces dernières années. Mais les héritiers de la Brise ont pris le relais, comme nous le verrons au fil de ces pages, des fils alliés ou ennemis avec d'autres clans disséminés sur le sol corse, à l'image de celui des Bergers braqueurs, ceux de la Casinca[1]. Une récente enquête du *Monde*[2] démontre ainsi la faculté du clan Federici à s'approprier les marchés publics.

À son départ de l'île, Nicolas Bessone se félicitait des résultats obtenus après les errances de l'État sur le sol corse. Pourtant, aujourd'hui, la situation reste tout aussi explosive sur fond de débat politique majeur, à savoir

1. Région du nord-est de la Corse.
2. Jacques Follorou et Simon Piel, 8 décembre 2017.

l'octroi d'une nouvelle autonomie ponctuée de revendications très fortes : statut de résident censé mettre un terme à la spéculation immobilière, co-officialité de la langue corse, autonomie budgétaire, statut fiscal dérogatoire… Face à toutes ces revendications, l'heure est au dialogue de sourds entre nationalistes et État. Le président Emmanuel Macron entrebâille une porte beaucoup trop étroite pour ceux qui revendiquent la reconnaissance pleine et entière de l'identité insulaire. Les nationalistes corses réclament beaucoup, mais qu'ont-ils à offrir ? La fin de la violence politique – pour l'instant –, l'éradication de la mafia insulaire, du racket, d'un clientélisme endémique, de la corruption des élus ? Tout doit être mis sur la table. Le passé et le présent.

Après la liesse, les drapeaux à tête de Maure claquant sous le souffle du *libecciù*, l'espoir fou d'une identité enfin reconnue, c'est la place au doute. Les insulaires s'inquiètent que l'autonomie ne mène au bout du compte qu'à une impasse. Pire, la violence politique pourrait fort bien ressurgir alors que de nouveaux tags menaçants relevés sur les murs de Bastia annoncent une année 2019 sous haute tension.

Terre d'espérance démocratique du temps du « père de la patrie » Pascal Paoli, la Corse demeure une zone de convoitises derrière laquelle se profilent, au-delà d'une union nationaliste de façade, des désaccords frontaux entre plusieurs groupes. Le vent de dégagisme qui a poussé les « natios » au pouvoir pourrait se retourner contre eux face à l'épreuve de réalité. Cette île de 330 000 habitants est, elle aussi, touchée par la crise, la précarité, la pauvreté, alors qu'une minorité repue profite sans vergogne de la manne du tourisme, seul véritable poumon économique d'une île anémiée. La Corse, c'est l'île de la fracture sociale gagnée par la violence ordinaire : les atteintes aux biens et aux personnes se multiplient.

Que doit faire la justice de la République, sinon contrôler la parfaite légalité des opérations spéculatives de ceux qui profitent justement de cette manne ou de ceux – nombreux – qui voudraient en profiter ? Il est permis d'émettre quelques réserves quant aux moyens réellement mis en œuvre par l'État sur le long terme. La récente mise en place d'un protocole entre la justice insulaire et l'Agence française anticorruption (AFA), dirigée par le très informé Charles Duchaine, est porteuse d'espoir. Mais l'agence, sorte de nouvelle version de l'ex-Service central de prévention de la corruption (SCPC), ne possède aucun pouvoir de coercition véritable, sinon celui d'informer la justice de faits suspects. Un lanceur d'alerte judiciaire, en quelque sorte, qui a un pouvoir administratif de contrôle sur les entreprises, les collectivités locales et les administrations de l'État. Mais est-ce suffisant pour éloigner à jamais le spectre de la mafia omnipotente ?

Les témoignages regroupés dans ce livre constituent des clefs de décodage indispensables pour tenter de comprendre l'importance stratégique de ces premières mesures qui, si elles avaient été mises en place à l'orée des années 1990, auraient sans doute permis d'éviter de sinistres dérapages, telle l'incroyable série de « cadavres exquis[1] » qui sont venus s'écraser sur le sol insulaire, entre l'assassinat du président de la chambre d'agriculture de Corse-du-Sud, Lucien Tirroloni, en décembre 1990, et celui du directeur général des services du conseil départemental de Haute-Corse, Jean Leccia, en mars 2014.

Ces sauvages assassinats de notables ne sont toujours pas éclaircis… et ne le seront probablement jamais. Morbide tradition insulaire. Encore une fois, le sang doit cesser de couler pour que la Corse, légitime à vouloir que son identité soit reconnue, ne se perde de nouveau dans une inexorable spirale mafieuse.

Je ne peux clore cette présentation sans évoquer le cas très singulier de François-Marie Cornu. Ce juge d'instruction de Bastia est sanctionné et muté en 2017, alors qu'il est chargé d'instruire une série de règlements de comptes commis dans la plaine orientale. Il a eu le malheur de s'épancher au téléphone auprès d'une partie civile sur la connivence supposée de certains enquêteurs de la gendarmerie avec des individus soupçonnés d'être impliqués dans ces affaires. Des « tontons » en somme, qui amènent lesdits enquêteurs à freiner les investigations d'un juge devenu trop curieux.

Sanctionné par le Conseil supérieur de la magistrature, François-Marie Cornu témoigne par son exemple de la fragilité intrinsèque d'un magistrat en Corse.

1. L'expression a été rendue célèbre par le film de Francesco Rosi *Cadavres exquis*, sorti en 1976.

Perdue entre réseaux locaux et raison d'État, la justice a trop souvent failli. Et le juge a craqué.

Mais cette justice ballottée a, on le verra, fait son travail, comme en témoignent ces neuf magistrats.

Il était temps de leur donner la parole.

1

Roland Mahy, le désabusé

Né, voici soixante-quatre ans, d'un père fonctionnaire et d'une mère institutrice, Roland Mahy mène un parcours sans faute du lycée à la fac de droit, qui le porte jusqu'à la promotion de l'École nationale de la magistrature (ENM), en 1977.

Le jeune juge ne manque pas d'ambition et postule à des postes réputés difficiles : Benais, Lons-le-Saunier, Besançon... Puis vient la Corse, où il débarque en janvier 1991 pour occuper successivement les fonctions de procureur de la République de Bastia et d'avocat général. Durant huit ans, ce magistrat vit un moment fort de l'histoire de l'île, marquée par la montée en puissance de la violence nationaliste et de l'emblématique mafia locale, la mythique et redoutable Brise de mer. Roland Mahy quitte l'île de Beauté non sans ressentiment en 1998.

Le vent ramènera notre exilé vers la terre insulaire, à la suite de graves ennuis de santé. Il s'y installe comme avocat, poussé par un « attachement irrationnel » à l'égard de la Corse.

« En Corse, le terrain est miné ! »

Je débarque à Bastia en janvier 1991. Ma nomination est une surprise totale. Le poste de procureur de la République est invariablement occupé par un proche du pouvoir en place. Or nous sommes en pleine période Mitterrand-Rocard. Le choix de m'envoyer là-bas est donc étonnant pour l'homme de droite que je suis. Le procureur général de Besançon m'informe froidement de cette décision qui me tombe dessus, sans crier gare. J'avoue que je n'ai pas particulièrement préparé ce séjour en Corse. Je n'y ai, à vrai dire, jamais mis les pieds !

Mes souvenirs demeurent imprégnés de cette arrivée du 3 janvier 1991 sur le port de Bastia. Venir par la mer offre une vue assez impressionnante sur la place Saint-Nicolas, imposante et typique, puis plus haut vers la citadelle médiévale d'où l'on contemple à perte de vue les côtes italiennes et l'île d'Elbe. Bastia est la plus italienne des villes corses. Avec ses 45 000 habitants, c'est la deuxième cité de l'île, une cité d'une grande richesse architecturale. Mais retournons rapidement la carte postale. Cette nomination annonce un vrai sacerdoce. Et bien des frustrations.

Ce fameux matin du 3 janvier, je suis un peu perdu, avec un sentiment de grand dépaysement, l'impression d'entrer sur une terre étrangère. Il fait si froid sur le port. Pierre d'Hervé, le président du tribunal, arpente le quai et frissonne. À peine ai-je le temps de poser mes bagages que me voilà soumis à une sorte de bizutage, plongé sans préliminaires dans le bain de cette violence endogène qui mine la vie de l'île. Une violence historique.

Les gendarmes laissent filer un commando

Me voilà débarquant dans un camp de vacances de la plaine orientale. J'ai été mis au parfum : « Attention à la Corse, attention aux affaires tordues... » Celle-ci n'échappe pas à la règle : on suspecte les gendarmes d'avoir laissé filer, la veille de mon arrivée, un commando du FLNC qui s'apprêtait à plastiquer les lieux. D'autres attentats frappent durant la nuit différents points de l'île.

Cette nuit du 2 au 3 janvier 1991, le FLNC a programmé en effet une « nuit bleue », du nord au sud de l'île, sur divers lieux touristiques. Des résidences de continentaux et des centres de loisirs sont visés. Mais les choses se compliquent dans ce camp de vacances de Bagheera situé à Linguizzetta, à une quarantaine de kilomètres au sud de Bastia. Dans la soirée, un commando a pris en otage quinze personnes, puis a installé ses charges autour des bungalows de ce domaine appartenant à un Allemand.

Les gendarmes d'Aléria, prévenus par un informateur, se précipitent sur place. Ils établissent un barrage. Le commando est pris au piège. Les hommes cagoulés et armés jusqu'aux dents se retranchent dans les bungalows vides en cette période hivernale. Une négociation s'engage. Après avoir libéré les otages, le commando prend la fuite. Un échec de l'État face à la violence nationaliste est du plus mauvais effet.

Je me présente au lendemain de cette nuit agitée dans le bureau du procureur général qui reçoit en ma présence un coup de fil du garde des Sceaux, Henri Nallet.

L'objet de la discussion est de trouver des boucs émissaires pour tuer dans l'œuf cette embarrassante affaire. Tout cela, je le dis sans fard, témoigne d'une scandaleuse faiblesse de l'État ! Ces accusations choquantes ont de suite laissé planer un doute sur la volonté de l'État de faire régner l'ordre dans l'île. Comme cette décision de « laisser faire » ne peut être prise qu'à un haut niveau hiérarchique, elle ne pouvait venir que du préfet ou du procureur général. Et, comme toujours, c'est le maillon le plus faible qui a sauté, le procureur général lâché par Henri Nallet, qui le remplace par Jean-Louis Nadal, le 9 janvier 1991.

Quant au FLNC, je dois avouer que je sais à peine de quoi il s'agit. Pour moi c'est un groupe de types cagoulés qui posent des bombes la nuit tombée, un mouvement né en 1976 quelques mois après la sanglante prise d'otages de la cave d'Aléria. Deux gendarmes sont tués dans l'opération menée par Edmond Simeoni[1], devenu la figure tutélaire du courant nationaliste. Au fil des mois, j'apprends donc à connaître le poids incontournable de cette organisation dans la vie de l'île.

Mon installation officielle est programmée le 8 janvier. Comment ne pas évoquer le contexte ? L'année 1990 a été particulièrement agitée avec l'assassinat de trois notables, d'abord le maire UDF de Grosseto-Prugna, Charles Grossetti, à l'automne, puis ceux en décembre du président de la chambre d'agriculture d'Ajaccio, Lucien Tirroloni, et de Paul Mariani, le maire de Soveria,

1. Père de Gilles Simeoni, actuel président du Conseil exécutif de Corse.

un village situé au nord de Corte. J'ai hérité de ce dernier dossier, mais il garde, comme les autres, tous ses mystères, vingt-huit ans plus tard...

Ce soir-là, des inconnus jettent du gravier sur les vitres de la maison de l'édile de Soveria. Le village a été plongé dans le noir juste avant, le commando étant parvenu à retarder de trois heures la mise en route de l'horloge qui déclenche l'éclairage public! Paul Mariani sort sur le perron de sa maison. L'édile est touché à bout portant de quatre balles de 357 Magnum. Les tueurs l'achèvent au sol d'un projectile de 7,65 tiré derrière l'oreille[1].

Une scission au sein du FLNC en deux groupes concurrents marque cette même année 1990. Cette fracture est la conséquence directe d'un éclatement de sa vitrine politique, la Cuncolta Naziunalista, fragilisée par la création du MPA d'Alain Orsoni[2]. Le MPA devient la vitrine politique du FLNC «canal habituel»; ce qui reste de la Cuncolta, celle du FLNC dit «canal historique».

1. Un habitant de Soveria, Dominique Santelli, a été soupçonné de l'assassinat, puis acquitté par la cour d'assises du Rhône en 1997. Une sombre affaire de trafic d'armes fut évoquée.

2. Forte personnalité du nationalisme insulaire, Alain Orsoni semble désormais jouer un rôle de juge de paix en coulisses. Présent à Aléria en 1975, il mène une série d'attentats spectaculaires sur le continent. Au cœur des années 1990, il crée le MPA, provoquant la plus sanglante guerre qu'ait connue le mouvement nationaliste. Les cadavres se comptent par dizaines. Par la suite, Orsoni, craignant pour sa vie, quitte la Corse afin de faire fortune dans le monde des jeux en Amérique du Sud. Il revient sur l'île au cœur des années 2000 pour prendre en main les destinées du club de foot de l'AC Ajaccio. Les policiers le soupçonnent d'avoir été, en réalité, mandaté pour contrôler avec Richard Casanova le sud de l'île, sous l'œil bienveillant de Michel Tomi, le Parrain de la Corsafrique. Voir les chapitres 5 et 7 de Jacques Dallest et Guillaume Cotelle.

Mes démêlés avec l'État

J'assimile à pas de géant la problématique insulaire, un peu comme on apprend une langue étrangère. J'ai, comme on dit vulgairement, les mains dans le cambouis. Dès la première semaine[1], un assassinat à Saint-Florent occupe mes journées. Un trafiquant de drogue tombe sur le pavé. Je choisis logiquement de saisir la gendarmerie, ce qui m'attire mes premiers tracas sur l'île. La direction centrale de la police judiciaire (DCPJ) tient absolument à récupérer le dossier. Je m'interroge alors sur un intérêt aussi marqué pour une affaire en apparence peu passionnante. Je comprends rapidement qu'en Corse le terrain est miné.

Un substitut d'origine insulaire, Jean Leandri, m'est d'un grand secours pour comprendre ce qui n'est pas toujours intelligible au premier abord. Ce collègue m'explique la situation, décode les usages, les rouages. Il a facilité ma compréhension de la complexité des relations entre Corses, entre administrations, entre services de police et entre police et gendarmerie.

Je découvre également la 14e section antiterroriste du parquet de Paris. La juridiction est mobilisée sur les affaires corses et gère l'ensemble des attentats, fort nombreux à l'époque. Il me faut opérer un lent travail d'assimilation dans une ambiance bastiaise vraiment particulière. Mon premier contact avec Jean-Louis Nadal, le nouveau procureur général, est du reste surprenant : il m'attrape le bras et me susurre avec des

1. Entre le 1er et le 7 janvier 1991.

trémolos dans la voix : « Roland, je n'ai accepté ce poste que parce que tu es là. On va rétablir l'ordre ! »

Rétablir l'ordre ? Le personnage est certes séduisant dans ses propos. Mais je ne tarde pas à comprendre qu'il n'est pas simple de travailler en bonne intelligence. Cette cour d'appel est bien trop étroite pour abriter à la fois un « PG » – procureur général – et un procureur de la République couvrant la zone de compétence du TGI. Je dirais qu'on se marche sur les pieds.

La situation est fort tendue. Quand Nadal débarque, nous en sommes à deux cents vols à main armée sur la Haute-Corse. Deux cents, le nombre est vertigineux ! Les clandestins ne font pas davantage dans la figuration. Une noria d'attentats frappe des résidences secondaires de continentaux, des centres touristiques, des administrations... Sans parler d'une trentaine d'homicides par an. On ne s'ennuie pas en Corse. Or, faute de structures adaptées nous ne pouvons mener un véritable travail d'anticipation, d'autant que l'aspect économique et financier est à l'époque totalement négligé.

L'État doit faire un choix, il l'a fait. Il n'a jamais eu les moyens de mener de front la guerre contre le banditisme et celle contre le terrorisme. Il a donc préféré se concentrer sur la guerre contre les nationalistes, délaissant le crime organisé. C'est là tout le problème.

Cette impuissance génère des effets assez pervers. Car, à un moment ou à un autre, les deux problématiques se rejoignent : le banditisme a de l'argent à ne plus savoir qu'en faire, la lutte politique a besoin de fonds pour prospérer. Tous deux restent proches tant que leurs intérêts convergent. Et pendant ce temps-là, que fait l'État ?

Prenons quelques exemples. Pour commencer, tout le secteur de la construction et du BTP est fermé aux continentaux, victimes d'une forme de discrimination économique. En effet, derrière certaines PME corses à la façade plutôt paisible se dessine une Brise de mer qui tire toutes les ficelles.

Découverte de la Brise de mer

Au départ il s'agit une équipe de braqueurs pas forcément très doués. Au fil des années, la « Brise », comme l'appellent les initiés, grimpe pourtant au firmament du grand banditisme international, faisant preuve d'un impressionnant savoir-faire. Nous sommes au début des années 1970, l'équipe a coutume de se retrouver dans un bar du Vieux-Port de Bastia, aujourd'hui disparu, la Brise de mer, d'où son nom.

La bande compte à son actif quelques braquages emblématiques comme celui du Crédit lyonnais de Bastia, le 12 avril 1982, ou le « casse du siècle », l'attaque de l'UBS de Genève en 1990[1]. La légende est née. La bande s'est également spécialisée dans les attaques

1. Le 25 mars 1990, cinq hommes armés pénètrent dans l'agence principale de l'UBS de Genève, neutralisent les vigiles et, grâce à une complicité interne, dérobent 125 millions de francs (19 millions d'euros). Plusieurs figures de la Brise de mer, dont André Benedetti et les frères Joël et Jacques Patacchini, ont été soupçonnés. Ils seront tous acquittés en 2004 par la cour d'assises de Paris.

de fourgons. L'imposant magot accumulé au fil des années permet d'acquérir de nombreux commerces ou entreprises dans la ville de Bastia et ses alentours.

De mémoire, je ne suis confronté directement qu'à une attaque spectaculaire, potentiellement imputable à la Brise de mer, celle d'un distributeur de billets de la Société générale, place Saint-Nicolas. J'ai le souvenir de l'auteur qui s'enfuit à pied par la cour de la Banque de France.

Je cerne mieux cette équipe par la suite. Certaines informations me parviennent sur l'un des piliers de la Brise considéré comme un vrai financier, l'un des frères Patacchini. La plupart des établissements de nuit appartiennent à la Brise, tel le célèbre Challenger à L'Île-Rousse[1]. Mais nous ne nous sommes jamais penchés sur ses intérêts financiers. Notre activité était entièrement tournée vers les règlements de comptes et les attentats. C'est un tort.

Quelques flashs me reviennent à l'esprit. Ces faits remontant à trente ans, mes souvenirs sont parfois un peu voilés, vous m'en excuserez. Certaines images fortes ressurgissent peu à peu. J'ai le souvenir des fameux frères Patacchini incarcérés dans une affaire de vol à main armée[2]. Je me souviens également des frères

1. Son propriétaire, Dominique Rutily, est un membre éminent de la Brise de mer, même s'il n'en est pas l'un des fondateurs. Il sera assassiné en avril 1996, à Hyères, en marge d'un match de football. Voir notamment *Les Parrains du foot*, Robert Laffont, 2018.

2. Joël Patacchini débute sa carrière en 1979 par un vol à main armée. En 1988, son nom apparaît dans une fausse attaque de fourgon blindé à Pietralba. L'aîné de la fratrie, Jean-Louis, est incarcéré dans les années 1970 pour tentative de vol, proxénétisme et infraction à la législation sur

Costa – Maurice Costa est un membre du noyau dur de la Brise de mer –, qui possèdent un hôtel à Alistro.

Maurice et Dominique séquestrent un Belge qui leur doit de l'argent. L'action du groupe d'intervention de la gendarmerie nationale (GIGN) est nécessaire pour débloquer la situation. Allez savoir pourquoi, malgré la matérialité des faits, ces deux suspects seront relaxés par le tribunal de Bastia ! C'est extravagant. Un peu candide sans doute, je ne veux pas y voir alors quelque chose d'autre, comme une intervention ou une quelconque « protection ». Aujourd'hui, je dirais que l'institution judiciaire n'a pas toujours le personnel à la hauteur. Pour clore la petite histoire, Maurice Costa est assassiné vingt ans plus tard dans une boucherie de Ponte Leccia[1].

Je tiens cependant à chasser l'idée répandue que la justice en Corse est « sous influence ». Je n'ai jamais eu, en ce qui me concerne, à subir la moindre intervention m'enjoignant de faire – ou de ne pas faire – tel choix. Ma hiérarchie approuve sans réserve mes décisions.

Mais, pour être honnête, je me pose parfois des questions quand cette même hiérarchie m'oppose son veto pour certains coups de filet que je juge opportuns dans la conduite des affaires en cours... À la décharge de mes pairs, je répète que nous ne disposons pas à cet

---

les armes. Jacques, le cadet, est impliqué dans une affaire d'homicide et pour faux et usage de faux. Voir *Les Parrains corses*, Jacques Follorou et Vincent Nouzille, Fayard, 2004.

1. Voir les chapitres 8 et 9, respectivement de Nicolas Bessone et Romain Manie-Samson, p. 243 et 271.

instant d'un pôle économique et financier suffisamment efficace pour mener toutes les investigations.

Prenons un exemple : la tentative de rachat de la concession Opel de Bastia, qui mérite un développement judiciaire plus poussé. Nos informations indiquent que des personnes proches de la Brise de mer souhaitent acquérir cette concession *via* des prête-noms. Mais Opel ne se laisse pas manipuler. La firme fait savoir que ces gens-là sont *persona non grata* une bonne fois pour toutes, et qu'il est hors de question de leur céder la concession.

Mais l'histoire n'est pas terminée. Nous apprendrons plus tard que ces mêmes personnes – je le répète, vraiment peu recommandables – ne rencontrent pas les mêmes scrupules avec une célèbre marque française. Les financiers de la Brise mettent la main sans aucun problème à l'époque sur une concession à Bastia. Cherchez l'erreur.

Le même scénario se répète pour des entreprises de location de voitures. Cet univers est tout sauf honnête à l'époque. Vous voyez, j'aimerais aujourd'hui, à l'heure de la « transparence », que l'on mène de véritables enquêtes autour de certaines concessions de voitures de luxe en Corse. Parmi les « bizarreries » locales relevées dans les années 1990, nous nous apercevons que ces entreprises fonctionnent quelquefois par un astucieux système de prêts. De faux contrats de travail et de fausses feuilles de paie sont produits à l'appui d'emprunts destinés à l'acquisition des véhicules.

Victime d'un attentat !

Mais revenons à ma situation personnelle, un peu particulière. J'avoue que mon travail se complique après le départ de Jean-Louis Nadal au cours de l'année 1992. Mes rapports avec ma hiérarchie se tendent à l'occasion de l'enquête sur l'attentat dont je suis victime. Un épisode douloureux.

Je vis alors seul dans un appartement à Miomo, sur le cap Corse. Et je me retrouve, en novembre 1995, dans un ferry à destination du continent. J'ai coutume de prendre quelques jours de vacances pour la Toussaint, et prévu de rejoindre ma mère le 3 novembre, mon père venant de décéder.

Me voilà à bord du navire de la SNCM, quand un membre du personnel de bord m'avertit d'un attentat survenu contre mon domicile ! Les informations me parviennent au compte-gouttes. J'apprends que la porte d'entrée de mon appartement a été sérieusement endommagée par une déflagration. Désemparé, je demande à ma secrétaire d'intervenir sur place pour tenter de colmater l'accès, car la porte est ouverte à tous les vents. Or, je note que personne au sein du palais ne se manifeste pour me donner un coup de main. Par conséquent, à peine débarqué à Marseille, je reprends le bateau en sens inverse pour regagner Bastia.

De nouveau, un grand moment de solitude... Ce matin-là, nul ne m'attend sur le port. Je rentre donc seul à Miomo par la route. L'atmosphère est glaciale, l'immeuble désert. Je commence à nettoyer seul les débris qui jonchent le sol avec un seau et un balai. Tout me paraît surréaliste et dérisoire.

Je contacte les gendarmes et tombe sur un homme qui semble ne rien comprendre à la situation. C'est le vide absolu, je ne reçois aucun coup de téléphone. J'apprends incidemment que le substitut de permanence ne s'est même pas déplacé au moment de l'attentat... Voilà ce que représente la vie d'un magistrat en Corse. L'indifférence générale.

Cet attentat a tout de même quelques retombées. Une assemblée générale de magistrats décide d'une grève des audiences pendant une semaine. Puis le procureur général me convoque. Je tombe des nues : quelques mauvaises langues sous-entendent que l'attentat est lié à ma vie personnelle, ce ne serait qu'une « histoire de cul » ! Il est vrai que la rumeur court sur mon homosexualité... que j'assume parfaitement. On raconte même que, le soir venu, je drague en me baladant avec mon chien, le long du Lido de la Marana. Or, je tiens à le dire : ma vie sentimentale durant cette période fut, et je le regrette, monacale.

Mais l'histoire de l'attentat ne s'arrête pas là. La patronne des Renseignements généraux (RG) me passe un coup de fil. Elle souhaite dîner avec moi. Au cours de notre rencontre, cette personne charmante me livre entre la poire, le fromage et le vin de Patrimonio des informations non seulement sur mon attentat, mais sur celui mené conjointement contre le commissariat de police de Bastia. La directrice m'informe : « Je sais que le FLNC a l'intention de revendiquer votre attentat. »

Elle me précise : « Je vous mets en garde, car on s'épanche beaucoup sur le caractère privé de cette action » !

Furiani, une affaire étouffée

Avec le recul, je pense aujourd'hui que tous ces faits ne sont pas étrangers à ce qui s'est passé en janvier 1995 lors du procès de Furiani. Le contexte est très particulier. Une série d'assassinats est issue de cette affaire, celui du militant du FLNC Robert Sozzi, puis du président du Sporting Club de Bastia, Jean-François Filippi, et, peu avant le début du procès, ceux d'un trafiquant de stups et d'une quatrième victime dont j'ai oublié le nom, vous m'en excuserez. L'ambiance est vraiment étrange.

Je dois revenir sur le contexte. Cette affaire de Furiani traumatise encore aujourd'hui l'île. Rappelons que, le 5 mai 1992, quelques minutes avant le coup d'envoi de la demi-finale de Coupe de France Bastia-OM, une tribune provisoire de 10000 places s'écroule comme un château de cartes. On dénombre 18 morts et 2 357 blessés. Pour moi, la priorité des priorités reste de donner satisfaction aux parents de victimes. Je ne veux pas que cette affaire prenne des années avant d'être jugée à l'audience.

Je me dois aujourd'hui de livrer des clarifications. On me reproche d'avoir requis durant le procès des peines peu sévères, d'avoir volontairement négligé certaines pistes. Je tiens à mettre les choses au clair, l'instruction a été bien menée. Certes, nous nous apercevons durant l'enquête qu'une dimension financière occulte ne serait pas étrangère au drame. Mais je fais le choix de ne pas suivre cette piste purement financière afin d'éviter que l'on s'égare sur des routes parallèles aléatoires.

Dès lors, je me polarise sur le dossier principal – nous dirons classique – de responsabilité pénale. Reconstituons le scénario. L'idée, parfaitement louable, des dirigeants du SCB est de rassembler le maximum de public afin que cette demi-finale soit avant tout une grande fête. Que des gens se rendent compte qu'il y a là une possibilité d'argent facile à rafler, ce n'est pas ce qui me vient d'emblée à l'esprit ! J'avoue sur ce point une forme d'incompréhension avec l'opinion publique locale, qui accuse les dirigeants du SCB d'avoir voulu justement « faire du fric ».

Mes réquisitions, jugées modérées, ne seront pas comprises. J'estime qu'il s'agit avant tout d'un accident avec des conséquences dramatiques, mais d'un accident qui met en cause des responsabilités. Je le traite comme tel sur le terrain juridique, et non comme un acte criminel. On me le reprochera[1].

1. En avril 1995 le tribunal de Bastia condamne à des peines de prison ferme l'ingénieur chargé d'édifier la tribune, Jean-Marie Boimond, le responsable de la société chargée du contrôle technique, Bernard Rossi, et le vice-président du SCB, Michel Lorenzi. Mais, quelques mois plus tard, la cour d'appel de Bastia modère largement ces condamnations en prononçant des peines avec sursis, d'où la colère des familles de victimes.

Attentat contre Charles Pieri

D'autres souvenirs forts se bousculent dans ma tête. Il me reste surtout en mémoire des images d'une terrible violence, tel l'attentat contre Charles Pieri, le chef de file du FLNC canal historique sur la zone de Bastia, et son associé.

En cet après-midi de juillet 1996, je me trouve dans mon bureau. J'entends une déflagration qui secoue les murs du palais. C'est comme si, d'un coup, Bastia devenait Beyrouth ! Une épaisse fumée noire monte du Vieux-Port. Très vite, le téléphone sonne. Je suis informé de la situation et du déroulé des événements : à 16h12 précises, une Citroën AX stationnée devant les locaux de la société corse Gardiennage Service explose. Les dégâts sont considérables. Des immeubles dévastés par la déflagration, une dizaine de véhicules en feu.

L'attentat vise les deux associés de cette société liée au mouvement nationaliste : Pierre-Louis Lorenzi et Charles Pieri. Le premier est tué sur le coup. Quant à Pieri, il est grièvement blessé : il perd simultanément un œil et l'audition de l'oreille droite.

Il me faut agir vite, saisir le service d'enquête compétent. Je me rends sur le port et j'assiste comme dans un film à une vraie scène de guerre. Sur les raisons de cet attentat, je dois reconnaître que le monde judiciaire n'est pas forcément en Corse le mieux informé. Ceux qui savent – vraiment – sont le directeur des RG et le préfet.

Dans ce cas précis, le décryptage fut tardif. On sait qui est Charles Pieri, qui sont ses ennemis, notamment son grand rival, le canal habituel d'Alain Orsoni. Pieri sera par la suite condamné pour des malversations financières et extorsion de fonds[1]. Cet ancien fonctionnaire de l'office HLM de Bastia a rapidement gravi les échelons pour devenir au début des années 1990 le responsable du FLNC en Haute-Corse.

Je m'étonne de retrouver aujourd'hui ce personnage en première ligne aux côtés des dirigeants nationalistes. Il aurait joué un rôle clé dans la fusion des listes aux dernières élections territoriales entre l'actuel président du conseil exécutif, Gilles Simeoni, et celui de l'assemblée de Corse, Jean-Guy Talamoni.

L'assassinat de Robert Sozzi

Si je feuillette à nouveau le livre de cette histoire macabre, me vient à l'esprit une autre scène marquante, celle de l'assassinat de Robert Sozzi, le 15 juin 1993. Il s'agit d'un militant de la Cuncolta, par ailleurs employé à Bastia Securita, une société de transport de fonds contrôlée par les nationalistes. Nous sommes trois ans avant l'attentat contre Pieri. Je me rends ce soir-là au pied d'un immeuble dans le quartier de Toga au nord de

1. En 2005, Pieri est condamné à dix ans de prison pour abus de biens sociaux, extorsion de fonds, financement du terrorisme et association de malfaiteurs en relation avec une entreprise terroriste. Plus récemment, en 2013, il a été condamné pour détention d'armes. La justice lui reproche également en 2018 d'avoir diffusé sur Facebook un message insultant à l'adresse de la veuve de Claude Érignac, une affaire pour laquelle il est mis en examen.

Bastia. Le commissaire de police Jean-Charles La Monica se trouve sur place.

Nous reconstituons rapidement le scénario. La victime s'est rendue en voiture dans les locaux de son employeur, Bastia Securita. Robert Sozzi reçoit plusieurs décharges de chevrotine alors qu'il se trouve au volant. Le corps est dans un sale état.

Cet assassinat peut être relié à celui du président du Sporting Club de Bastia, en 1994, quelques jours avant l'ouverture du procès Furiani. Jean-François Filippi, qui devait comparaître, était lui-même très proche du FLNC canal historique.

À la suite de la catastrophe, Robert Sozzi s'était déjà épanché. Il accusait les dirigeants du club, donc Filippi, d'avoir négligé la sécurité du public pour «bourrer» le stade et ainsi gagner de l'argent. Sozzi mettait en cause la complicité de responsables du secteur bastiais du FLNC. Ses camarades de lutte l'accusent alors de se rapprocher dangereusement de l'ennemi mortel, le canal habituel d'Alain Orsoni.

Voilà rapidement tracés les contours de l'affaire Sozzi. Pour l'assassinat du président du SCB, d'autres pistes que la tragédie de Furiani s'ouvrent. Je me souviens que Filippi est impliqué dans la gestion des déchets en Haute-Corse. Le jour de son assassinat, il sort de son domicile pour se rendre à Paris à un rendez-vous d'affaires sur le sujet. Cela a-t-il un lien direct avec l'assassinat ? Il est certain que la victime – qui préside le syndicat intercommunal en charge des ordures ménagères – s'oppose à la construction d'une usine de traitement de déchets dans le secteur de Bastia.

Notre seule certitude reste que cet assassinat est l'œuvre d'un grand professionnel. Le tueur a tiré à très longue distance à l'aide d'un fusil de précision muni d'une lunette infrarouge. Pour réussir ce coup, il faut être au courant des faits et gestes de la victime.

Pour revenir à Sozzi, ce qui m'a le plus scandalisé durant cette période est la revendication théâtrale de son assassinat aux journées nationalistes de Corte. Chaque été se déroule dans la cité de Pascal Paoli, le *babu*[1] de la nation corse, cette grand-messe à laquelle participent des délégations indépendantistes venues du monde entier. Tout baigne cette année-là dans un grand délire. Dans un fracas assourdissant, les gendarmes tournoient en hélicoptère autour du chapiteau.

Les clandestins cagoulés du FLNC montent alors à la tribune pour lire le communiqué de revendication de l'assassinat de Robert Sozzi. J'estime que la présence ce jour-là sur l'estrade de l'avocat bastiais Jean-Guy Talamoni, par ailleurs responsable de la Cuncolta Naziunalista, est choquante. Je m'en inquiète auprès du procureur général. J'estime qu'il lui appartient d'ordonner des poursuites contre l'avocat-leader nationaliste. Sans surprise, ma requête est demeurée lettre morte...

Rappelons-nous les conditions dans lesquelles la justice traite mon propre attentat. Quand les nationalistes sentent que la hiérarchie judiciaire ne réagit pas face aux agressions, présente des signes de faiblesse, ils s'engouffrent dans la brèche. On ne peut s'étonner par la suite qu'un préfet soit assassiné.

1. « Père ».

Mascarade à Tralonca

D'autres événements confirment ces ambiguïtés étatiques en Corse. Je pense évidemment à la fameuse conférence de presse de Tralonca. Nous sommes à la veille de la venue du ministre de l'Intérieur, Jean-Louis Debré, dans l'île. Dans la soirée du 10 au 11 janvier 1996, 500 militants cagoulés paradent en pleine nuit avec un impressionnant arsenal et annoncent une trêve des actions violentes durant trois mois. Parallèlement, ils présentent toute une liste de revendications. Comme par hasard, elles seront reprises dans la journée dans la bouche du ministre... Tout n'est que mise en scène.

Je ne suis informé de la tenue de cette conférence que dans la matinée. Un certain nombre de faits me troublent. Le substitut de permanence est alerté à cinq heures du matin, le procureur général contacte alors sur-le-champ le cabinet et le ministre. À huit heures, c'est à mon tour de débarquer dans mon bureau. Quelle n'est pas ma surprise d'apprendre que la 14e section antiterroriste, à Paris, refuse de se saisir de l'affaire.

Plus étonnant encore : des gendarmes m'indiquent avoir relevé méticuleusement les numéros de plaques des véhicules transportant les fameux « militants ». Gênés, les pandores me lâchent : « Monsieur le procureur, nous avions ordre de ne pas intervenir. »

J'avoue que je commence à bouillir. Non sans un brin de provocation, je m'adresse à ma hiérarchie pour solliciter des recherches sur les fameux numéros de plaques.

Cette même hiérarchie me répond sans véritable explication : «Il vaut mieux vous abstenir.» Comme je suis un peu retors, j'écoute, puis je donne des instructions verbales. Je regrette aujourd'hui de ne pas l'avoir fait par écrit, je serais sans doute porté aux nues. Manque d'opportunisme.

Cette conférence de presse fantoche se déroule avec l'assentiment des plus hautes instances de l'État et des plus hauts fonctionnaires. Tout est minutieusement organisé. Pour moi, cette affaire de Tralonca fut une révélation. Je comprends que le politique a toujours l'ascendant sur l'action citoyenne et judiciaire en Corse. Je saisis également que tout est organisé en amont par les autorités en accord avec les nationalistes. Les policiers et gendarmes sont tous au courant. Je ne peux pas croire davantage que le procureur général n'est pas informé. Ce n'est là que sinistre et affligeante guignolade.

Sinistre, on le verra deux ans plus tard, avec l'assassinat du préfet Claude Érignac. Un événement terrible survenu le 6 février 1998. Je me souviens que ma mère se trouve alors chez moi à Miomo pour quelques jours. J'ai un échange téléphonique avec le procureur général Jean-Pierre Couturier qui se trouve cette nuit-là sur le continent. Il ne rentrera sur l'île que le surlendemain de l'assassinat. Je me souviens avoir suggéré au PG de se rendre sur place à Ajaccio, en arguant qu'il est symboliquement important d'être présent. Et Couturier de me répondre sans sourciller : «Que voulez-vous que nous fassions là-bas ?» Que voulez-vous que je réponde à cela !

J'avoue que, depuis quelque temps, la lassitude me gagne. L'envie de prendre l'air, de quitter la Corse et son ambiance pesante, me taraude. Couturier, jugé trop tiède, est rapidement remplacé. Je dois reconnaître que son remplaçant, Bernard Legras[1], c'est un autre style. De grande taille et physiquement plutôt impressionnant, il s'est toujours exprimé avec moi sur un ton courtois. J'ai beaucoup d'admiration pour ce magistrat dont je connaissais la réputation et qui m'a manifesté au cours de notre collaboration une réelle confiance, même si parfois je pouvais avoir le sentiment de faire partie d'une ancienne équipe dont il fallait changer les méthodes.

Aujourd'hui, j'en profite pour faire un commentaire. Avant l'arrivée de cette nouvelle équipe, d'autres magistrats étaient présents en Corse. Ils n'ont pas fait mieux ni moins bien qu'eux. Cette île est profondément ingérable. Je crains qu'elle ne soit irrémédiablement perdue pour la République.

Actuellement, la presse et les politiques évoquent la co-officialité de la langue corse parmi les revendications des nationalistes ; dans les faits, elle est déjà effective. Il suffit de regarder la télévision. De plus en plus d'interviews sur France 3 local sont en langue corse. Je ne crois pas que ce mouvement aille dans le sens du progrès. J'ai le souvenir de ces insulaires qui étaient jadis de grands serviteurs de l'État, des gens de haut vol. Quand je vois ce qu'est devenue cette île, j'ai le

1. Voir le chapitre suivant, p. 49.

sentiment que tout baigne dans une incroyable médiocrité intellectuelle.

L'air est désormais vicié. Il est impossible pour une entreprise de s'installer en Corse. Ce repliement sur soi, cette sclérose de la pensée sont, disons-le, dramatiques. Pour toutes ces raisons, et malgré mon attachement indéfectible à cette île, je vais prochainement faire mes adieux définitifs à la Corse… et à la France.

2

Bernard Legras, le nettoyeur

Bernard Legras est né en 1948 en Algérie. Quand il arrive à Bastia, il a tout juste 50 ans. Il est nommé procureur général dans une période fort troublée, celle qui suit l'assassinat, le 6 février 1998, du préfet Claude Érignac.

Le magistrat se présente nanti d'une réputation de *sniper* : durant six années, il a procédé à un sacré « nettoyage » sur l'île de La Réunion, où il s'est attaqué à la corruption endémique, minant une bonne partie de la classe politique locale.

Son séjour en Corse est tout aussi prometteur en matière de sensations fortes. Les nationalistes, marginalisés par cet acte extrême, sont loin d'être sa seule préoccupation. Les liaisons entre le grand banditisme et le monde économique sont également sur sa feuille de route.

En juillet 2000, il rédige un célèbre rapport consacré à l'emprise du crime organisé sur l'île. Comme si l'assassinat d'un préfet de la République avait brusquement permis d'ouvrir les yeux sur l'omnipotence des bandes criminelles, dont la mythique Brise de mer.

« Certains jours, l'ambiance devient trop insupportable »

Mon histoire commence à La Réunion en juin 1992. Je prends la suite, dans l'urgence absolue, d'un procureur impliqué dans des affaires de corruption, qui vient d'être suspendu de façon disciplinaire à Saint-Denis. Trois autres magistrats sont sur la sellette. Il convient de redorer l'image de la justice, fortement entachée par les frasques de certains « collègues ».

Je développe avec mon équipe une stratégie qui consiste à lutter contre les différentes formes de criminalité économique, dont la corruption : à mon départ, 22 maires sur 24 seront mis en examen et 3 élus de premier plan condamnés à de la prison ferme !

Un préfet assassiné

Le contexte de mon arrivée en Corse en juin 1998 n'est donc pas étranger au travail mené à La Réunion. Nous nous trouvons trois mois après l'assassinat du préfet Claude Érignac. La tension sur l'île est à son paroxysme. Mon prédécesseur, Jean-Pierre Couturier, avait donné, en février 1996, des instructions générales aux deux procureurs de l'île, ainsi formulées : « La situation actuelle exige la plus grande circonspection dans la conduite de l'action publique… »

Cette formule, fortement relayée par les médias, prend une autre dimension après les événements tragiques du début de l'année 1998. Elle est exploitée, dans le cadre d'une véritable campagne de déstabilisation du ministère public, au moment où la détermination et la réactivité du parquet s'imposent.

Un ami me confie un jour, ironiquement : « Finalement tu dois ta nomination en Corse à la circonspection... » J'entretiens déjà, disons-le, des liens affectifs avec l'île. Mon arrière-grand-mère maternelle, une demoiselle Casanova, est originaire de Piedicorte-di-Gaggio, petit village du Cortenais qui domine toute la côte orientale. Elle quitte la Corse pour des raisons économiques avant de rejoindre l'Algérie, où elle épouse un Alsacien qui fuit sa région pour rester Français.

Pour l'anecdote, peu après mon arrivée, je souhaite me rendre avec mon épouse, Solange, magistrat comme moi, en pèlerinage sur la trace de mes ancêtres. Une belle journée, une route sinueuse de montagne, interminable succession de ravins et de virages... Nous nous arrêtons sur la grande place du village. Un silence de mort nous accueille, tous les visages se ferment, tous les regards se posent sur nous. Lorsque j'ai vu quelque temps plus tard le film *L'Enquête corse*[1], j'ai revécu ce moment...

Mes premiers contacts me surprennent, notamment l'insistance des Corses à vouloir me faire dire qu'il existe des analogies entre la situation de La Réunion et

1. Film d'Alain Berberian, sorti en 2004 et inspiré de la fameuse BD éponyme de feu René Pétillon, Albin Michel, 2000.

celle de l'île de Beauté, basées sur cette insularité qui génère une culture et des comportements très proches.

Mais je me garde bien de tomber dans ce piège... En réalité, la Corse et La Réunion ont fort peu de points communs. L'histoire de La Réunion est plus récente. Le premier peuplement humain date de 1646. L'île est fondamentalement multiculturelle. Différentes communautés, différentes religions y cohabitent de manière apaisée. L'omerta – la loi du silence – n'y règne pas. Et surtout le banditisme organisé ne fait pas partie de son paysage.

En Corse, en cette période trouble, ces différences me sautent aux yeux. En février 1998, le préfet Bernard Bonnet, choisi par le gouvernement pour remettre de l'ordre à la suite de l'assassinat de Claude Érignac, vient de prendre ses fonctions. L'île est sous le choc du lâche assassinat du préfet. Je ne parviens pas à détacher de mes pensées la haute silhouette de Claude Érignac se glissant dans la nuit ajaccienne, puis remontant cette rue Colonel-d'Ornano afin de rejoindre son épouse qui l'attend devant le théâtre Kallisté pour assister à une représentation. Cet homme sans défense est tué de dos, de plusieurs balles dans la tête. La Corse a honte de ce crime.

Ma mission est claire : participer, en ce qui concerne l'institution judiciaire, au « rétablissement de l'État de droit », même si je n'adhère pas à cette formule toute faite, sans cesse rabâchée et finalement ambiguë : rétablissement ou établissement de l'État de droit ? L'hésitation est permise dans la mesure où, justement, cet État de droit n'a jamais été évident en Corse.

Et encore, cette formule a très rapidement pris une connotation répressive, punitive, contraire, à mon sens, à l'objectif que nous devions poursuivre. Je préfère parler de l'« application générale et sereine des lois de la République ». La situation que je découvre à mon arrivée en Corse m'amène à penser que les conditions sont réunies pour engager un travail en profondeur.

Trop de commissions d'enquête

Dès ma prise de fonctions, l'actualité est marquée par la multiplication de commissions d'enquête parlementaires. Celles-ci contribuent, selon moi, à présenter de manière assez caricaturale les réalités et spécificités corses[1]. Ces rapports sont fort mal vécus notamment par la magistrature locale, injustement placée sur le banc des accusés. Les parlementaires pointent du doigt les magistrats, en général pour leur passivité supposée face à l'inéluctable montée de la violence dans l'île.

Les liens tout aussi supposés de magistrats d'origine corse avec certains mouvements locaux, nationalistes ou autres, comme avec certaines personnalités entretiennent un climat de malaise. Nombre de mes interlocuteurs parisiens m'ont mis en garde bien avant mon

1. L'affaire Érignac déclenche trois commissions d'enquête parlementaires : la commission présidée par le député Raymond Forni, consacrée au « fonctionnement des forces de sécurité en Corse » (rapport du 10 novembre 1999) ; celle présidée par son collègue Jean Glavany sur « l'utilisation des fonds publics et la gestion des services publics en Corse » (rapport du 3 septembre 1998) ; enfin, celle sur « la violence en Corse » lancée par le Sénat et présidée par René Garrec (rapport 69, 1999-2000).

arrivée. Mes collaborateurs originaires de l'île sont intrinsèquement suspects. Je dois me méfier en permanence...

Une telle approche est contraire à ma culture, à mes convictions profondes. Dès mes premières heures à la cour d'appel, je réunis donc les magistrats et les fonctionnaires du parquet général. Le message consiste à leur dire qu'ils ont toute ma confiance, que nous allons vivre ensemble des moments difficiles, que les secrets seront partagés et que j'ai la certitude de leur loyauté.

Le rapport Glavany dénonce en termes très durs le comportement des « magistrats d'origine corse ». J'assiste le lendemain de sa publication à une scène étonnante, spontanée, dans la salle des pas perdus de ce beau palais de justice édifié à Bastia en 1852. Les magistrats et les fonctionnaires corses se serrent les uns contre les autres, se tenant par les épaules, comme dans une mêlée de rugby. Grand moment d'émotion. Des femmes ont les larmes aux yeux. Les hommes affichent, eux, un visage grave. Ils veulent dire leur révolte face à l'injustice vécue à travers ce rapport Glavany.

Fortement interpellés par une telle situation et le malaise palpable qu'il suscite, nous décidons avec le premier président de la cour d'appel, Michel Jeannoutot, d'organiser une réunion, une assemblée générale informelle destinée à permettre à tous nos collègues d'exprimer leur désarroi, une sorte de thérapie collective. Nous les écoutons tous et leur réitérons notre confiance. Nous sommes là à un instant charnière de la mise en œuvre d'une nouvelle politique judiciaire en Corse, une entreprise qui passe par la cohésion de l'institution.

Bonnet passe à l'offensive

Le contexte est extrêmement tendu. L'île se retrouve en état de siège, un peu, toutes proportions gardées, dans la situation vécue par la Sicile après les assassinats des juges Giovanni Falcone et Paolo Borsellino, en 1992. Le préfet Bonnet, qui communique sans relâche, multiplie de manière très volontariste les saisines des parquets par le biais de l'article 40 du Code de procédure pénale, qui permet à l'autorité administrative de saisir le procureur de tout fait qu'il juge suspect[1]. L'omniprésence des médias nationaux et internationaux en Corse à cette époque, forcément avides de scoops, contribue à provoquer un profond malaise au sein de la société insulaire.

L'affaire dite des paillotes[2] renverse fondamentalement la situation. La société corse reçoit une forme d'antidote : toute l'île se saisit de cette affaire pour redresser la tête. Le dossier des paillotes gomme, dans une certaine mesure, la honte provoquée par l'assassinat

1. L'article 40 du Code de procédure pénale prescrit que « toute autorité constituée, tout officier public ou fonctionnaire qui, dans l'exercice de ses fonctions, acquiert la connaissance d'un crime ou d'un délit est tenu d'en donner avis sans délai au procureur de la République et de transmettre à ce magistrat tous les renseignements, procès-verbaux et actes qui y sont relatifs ».

2. La paillote « Chez Francis », construite illégalement sur le domaine public maritime dans le golfe d'Ajaccio, est détruite par un incendie criminel dans la nuit du 19 au 20 avril 1999. Un commando de gendarmes du GPS mandaté par le préfet Bonnet est appréhendé pour ces faits. Bernard Bonnet sera, par la suite, condamné à trois ans de prison, dont un ferme.

du préfet. Il génère un climat de dédramatisation qui fait baisser la tension.

La révélation de l'affaire des paillotes n'entraîne pas de réaction violente en Corse. Au contraire, la dérision et l'ironie sont de mise : les gendarmes font l'objet de moqueries – « Vous n'auriez pas du feu ? » –, les plaisanteries fusent. On a même droit à un communiqué du FLNC, faisant savoir aux militaires que s'ils ont besoin de conseils en matière d'attentats, ils n'ont qu'à le consulter… Une chose est désormais acquise : « le rétablissement de l'État de droit », pour reprendre cette expression que j'abhorre, aura alors « du plomb dans l'aile »…

À mon arrivée en Corse, un ami m'offre un ouvrage regroupant une série d'articles rédigés entre 1880 et 1886 par un journaliste du *Temps*[1]. L'auteur aborde tous les domaines de la vie dans l'île, comme ses spécificités : la famille, le clan, la vengeance privée, l'omerta, les élections… Quelle ne fut pas ma surprise de découvrir que rien n'a changé ici depuis des lustres ! Je piège à plusieurs reprises mes interlocuteurs en citant certains passages qui sont d'une brûlante actualité. Quand je révèle à mes auditeurs la date à laquelle ces textes furent rédigés, ils expriment surprise… et parfois tristesse.

Je suis aujourd'hui de retour d'une mission d'audit en Albanie, où j'ai également découvert des problèmes venus d'un autre temps : le Kanoun, un code d'honneur promulgué au XVe siècle, continue de régir les rapports

1. Paul Bourde, *En Corse. L'esprit de clan. Les vendettas. Le banditisme*, Laffite, 1983.

sociaux dans certaines régions, avec notamment la « réglementation de la vengeance privée ».

Je ne peux m'empêcher de faire certains rapprochements avec la Corse.

Conflit avec les juges parisiens

Je suis confronté, dès ma prise de fonctions, à plusieurs problèmes qui méritent une attention toute particulière. Ainsi, en matière de terrorisme, les magistrats locaux et la juridiction parisienne spécialisée exercent une compétence concurrente.

Les procureurs de Bastia et d'Ajaccio m'ont fait part de leurs préoccupations à ce sujet. « Paris se saisit des dossiers de façon parfois étonnante… Les Parisiens font en quelque sorte leur marché, filtrent les affaires qui les intéressent, laissant les miettes aux locaux… Les "super-juges" de Paris court-circuitent sans vergogne les procureurs des tribunaux corses, d'où un réel problème de dialogue et d'échange entre les uns et les autres… »

Je considère qu'il y a urgence à rétablir le contact. Ma mission est de prendre attache auprès du procureur général et du procureur de la République de Paris. Nous convenons, avec le soutien de la Chancellerie, d'organiser à Bastia dès le mois de juillet une réunion entre procureurs, juges d'instruction corses et parisiens. L'initiative permet de clarifier la situation, de recréer un climat de confiance et de déboucher sur une forme de protocole garantissant une gestion plus fluide pour l'avenir.

Mais, pour des raisons qui m'échappent toujours, le préfet Bonnet prend ombrage de cette initiative. Le soir même, interviewé par France 3 Corse, il déclare à propos de cette réunion que « c'est la bulle de l'été »...

Un autre problème doit être rapidement pris en compte : celui du dépaysement quasi systématique des affaires criminelles. En raison de la fragilité des jurys corses, soumis à toutes les pressions dans une société à petite échelle, l'habitude est de faire juger les affaires criminelles graves sur le continent.

Mais ces éloignements ne sont pas d'une grande efficacité, dans la mesure où les pressions elles-mêmes ont tendance à traverser la Méditerranée... De plus, les avocats locaux sont vent debout contre cette pratique, qui laisserait entendre que les Corses sont incapables de « juger leurs compatriotes ».

Lutter contre les pressions sur les jurés

Il s'agit pour moi aussi d'un enjeu important, dans la perspective d'une meilleure application des lois de la République en Corse. En accord avec la Chancellerie est donc créée une commission de réflexion sur la justice criminelle en Corse, que j'anime[1]. Un premier travail d'analyse statistique permet de constater que sur les

1. Commission d'étude sur la justice criminelle, 31 mars 2000.

dix dernières années le taux d'acquittement est en Corse cinq fois supérieur à la moyenne nationale (27,6 % contre 5,23 %) !

Le greffier de la cour d'assises d'Ajaccio élabore un rapport particulièrement éclairant sur les pressions dont sont victimes les jurés et les failles procédurales qui facilitent ces mêmes pressions. Plusieurs anciens jurés acceptent de témoigner « sous X », par crainte de représailles...

Ces témoins décrivent des situations saisissantes, des pressions directes, indirectes, voilées... L'un d'entre eux nous explique que lorsque les jurés entrent dans la salle des pas perdus et qu'ils doivent se déplacer près des groupes de familles, certains regards suffisent. Nous édictons alors des mesures correctives. Plusieurs déclarations contenues dans mon rapport[1] sont accablantes. Ainsi l'un des jurés témoigne, le 25 janvier 1993, auprès du président de la cour d'assises de Corse-du-Sud. Il assure avoir été approché par un de ses collègues de travail, qui avait en sa possession la liste des jurés et lui a demandé d'acquitter un certain G. Un autre témoin affirme avoir expédié sa femme et ses deux enfants de 15 et 30 mois sur le continent... après avoir reçu la visite successive de six hommes impliqués dans l'affaire à juger qui lui ont enjoint de les acquitter ! Il s'est, dit-il, « senti menacé ». En effet.

Nous décidons alors de mettre en place des « veilles judiciaires », des permanences de sécurité pour permettre l'intervention immédiate d'officiers de police

1. *Ibid.*, p. 45-47.

judiciaire en cas de menaces ou de pressions sur un juré. Ce dispositif, initié dès le mois de septembre 1998, a été testé lors de la session du troisième trimestre de l'année 1999, à Bastia. Au cours d'une interruption d'audience, un juré est ainsi approché par un individu qui est immédiatement interpellé, puis par la suite condamné à de la prison ferme lors d'une audience de comparution immédiate.

Des dispositifs permettent par ailleurs d'éviter, au sein des palais de justice, tout contact entre les jurés et les familles des accusés ou des victimes. À Ajaccio, les jurés se réunissent au préalable dans des locaux de police ou de gendarmerie, avant d'être conduits au tribunal sous escorte et de rejoindre la salle d'audience par un circuit protégé.

Les premiers résultats sont encourageants : en 1999, les cours d'assises corses jugent quatorze affaires criminelles sans aucun acquittement. Le Premier président désigne deux magistrates courageuses et déterminées pour présider les deux cours d'assises, l'une originaire de l'île, l'autre du continent. Leur action est exemplaire. Elles forcent le respect général dans un contexte toujours difficile. La voiture de la présidente de la cour de Bastia est détruite par une charge explosive…

Ces initiatives me conduisent à rédiger un premier rapport en mars 2000 à la demande d'Élisabeth Guigou[1]. Ce compte rendu, adressé à la garde des Sceaux, vise à répondre à certaines interrogations des commissions

1. *Ibid.*

parlementaires en dénonçant des amalgames ou procès trop faciles de l'institution judiciaire.

Protection rapprochée

La vie en Corse pour un magistrat n'est pas un long fleuve tranquille.

Dès mon arrivée à Bastia, j'occupe un appartement dans un immeuble situé en face de la préfecture. Il s'agit d'un local totalement sécurisé.

Lors de notre première rencontre, peu avant mon installation, Mme Guigou m'a fait savoir que je dois vivre sous protection rapprochée : véhicule blindé, officiers de sécurité m'accompagnant en permanence. Elle ajoute immédiatement, avec toute la fermeté dont elle sait faire preuve, que cela n'est pas négociable.

Je comprends que cet affichage a une valeur hautement symbolique. Il faut affirmer que l'État ne se laissera pas impressionner. Je «bénéficie» donc d'une protection rapprochée, comparable à celle du préfet Bonnet, lors de mes trois années en Corse. Mes gardes du corps ne me lâchent pas d'une semelle. Ils passent le relais au Service de protection des hautes personnalités (SPHP) lors de mes déplacements à Paris ou sur mes terres de Dordogne. Vivre ensemble vingt-quatre heures sur vingt-quatre crée une relation particulière avec ceux que j'appelle rapidement mes «baby-sitters». Ils ne me bordent pas, mais c'est tout comme. Je conserverai par la suite des contacts avec certains d'entre eux.

Les occasions d'échapper à cette ambiance pesante restent rares. La course en montagne, l'une de mes passions, me permet de prendre un bol d'air pur dans un cadre grandiose. J'adore marcher. Des gardes du corps m'accompagnent dans mes randonnées, toujours aux aguets. Comment effacer de ma mémoire le bruit entêtant du cliquetis des armes qui s'entrechoquent dans les sacs à dos de mes anges gardiens en grimpant vers le Monte Cinto, le plus haut sommet de Corse, ou en parcourant le GR 20 ?

Je dois avouer que certains jours, pourtant, la pression devient trop insupportable. Il faut se soustraire à cette emprise par d'autres moyens. Décision est prise de « m'évaporer » à la nuit tombée, en faisant passer un message subliminal à mes gardes du corps. Avoir gagné quelques amitiés sur place m'a beaucoup aidé durant ces moments difficiles. Des continentaux et des Corses m'accueillent chez eux. Tous ont joué un rôle important dans mon équilibre. J'en profite pour les remercier.

Mon rapport sur la criminalité organisée

Mon rapport sur le fonctionnement de la justice criminelle est désormais dans les tuyaux. Je m'attelle à mieux comprendre le fonctionnement de la criminalité organisée. Je commence patiemment à effectuer un travail de recherche, de compilation de documents qui me semblent indispensables. Il me faut collecter tous les rapports possibles et imaginables auprès des services de l'État. L'exercice est pour moi assez naturel. J'ai pris l'habitude depuis que je suis procureur – et avant même que cette pratique ne devienne obligatoire – de rédiger un rapport annuel d'activité.

En juillet 2000 vient le moment de transmettre à la Chancellerie ce document confidentiel[1] sur la criminalité organisée. Confidentiel, il ne le demeurera pas longtemps. La presse est informée dans les heures qui suivent la remise du document à la Chancellerie. Le retentissement est immédiat et assez brutal.

En déplacement à Périgueux, me voilà contraint, à la demande du ministère de la Justice, de me rendre dans les studios de France 3 pour répondre à une interview[2]. J'ai depuis lors toujours refusé de communiquer sur ce rapport qui, encore une fois, est un document de travail et n'avait pas vocation à tomber dans le domaine public.

Dans ce document, je me suis astreint à raisonner de façon pragmatique. Les frontières en Corse entre les différentes formes de dérives sont loin d'être étanches. Il n'y a pas d'un côté le banditisme, de l'autre le terrorisme. Une porosité totale existe entre toutes les formes de criminalité. Les mêmes individus portent alternativement la cagoule du banditisme et celle du terrorisme nationaliste. Des observateurs locaux, agents des services de l'État, enquêteurs de police, fonctionnaires des RG, gendarmes, journalistes ou hommes politiques m'ont beaucoup aidé à comprendre et à analyser la situation insulaire.

1. Rapport sur la criminalité organisée en Corse, juillet 2000. Le fameux « rapport Legras ».

2. Des extraits de ce rapport confidentiel sont publiés par la presse en août 2001.

Une excellente source, journaliste à France 3 Corse, me livre ainsi nombre d'informations essentielles. La plupart de ces témoins veulent rester anonymes. Mais tous souhaitent participer à la manifestation de la vérité en espérant une prise de conscience, qui permettrait de progresser dans la normalisation de la situation locale.

L'un de ces précieux contacts me communique une synthèse édifiante sur l'urbanisation de l'île de Cavallo. Elle constitue un axe fort de mon rapport ; apparaissent dans les documents auxquels j'ai accès l'alternance d'interventions relevant du banditisme (racket) et d'actes présentés comme étant liés au terrorisme insulaire (perception de l'impôt révolutionnaire).

Je vise, dans mon rapport, deux notes élaborées par Tracfin[1] le 16 avril 1993 et le 27 novembre 1996. L'organisme antiblanchiment s'inquiète de l'arrivée massive de capitaux italiens suspects via l'urbanisation totalement anarchique de l'îlot de Cavallo. De nombreux ressortissants italiens sont visés, dont le patron de la CODIL – une société impliquée dans la construction des villas –, un certain Lillo Lauricella.

Lauricella est présenté comme le relais de financements mafieux injectés par Cosa Nostra et la Magliana[2] romaine via des sociétés-écrans. André-Noël Filipeddu, représentant d'une famille bien connue à Bonifacio, est

1. Acronyme de Traitement du renseignement et action contre les circuits financiers clandestins, organisme du ministère de l'Économie et des Finances chargé de la lutte contre la fraude, le blanchiment d'argent et le financement du terrorisme.

2. La Magliana ou Banda della Magliana est une organisation criminelle romaine liée aux principales mafias italiennes, mais également à l'extrême droite, aux services secrets et jadis à la fameuse loge P2.

poursuivi dans cette affaire pour abus de biens sociaux aux côtés de Lillo Lauricella, qui sera assassiné le 31 octobre 2002, à Caracas[1].

Il est donc, à mon sens, impossible d'avoir une approche claire en ciblant des catégories criminelles isolées les unes des autres. L'affaire de Cavallo en est l'exemple le plus emblématique. Nous sommes, en Corse, sur une île de 330 000 habitants où tout s'interpénètre, tout est poreux. Adopter une approche « catégorielle » de la criminalité n'a aucun sens, comme il est tout aussi délicat de dissocier le fonctionnement du grand banditisme de celui de la société corse elle-même.

L'argent sale, notamment celui de la Brise de mer, est réinvesti ici. Je vous cite *in extenso* un extrait de mon rapport : « La Brise de mer soutient les entreprises locales qui ont quelques difficultés à obtenir des prêts de la part des banquiers. Elle vient en haut de bilan et y reste parfois, en mettant en place des hommes de paille. Elle sert aussi de relais pour attendre les subventions européennes, dont l'octroi est toujours plus long. Bref, elle s'implante dans l'économie locale en l'acquérant. »

À un autre niveau, cette « porosité sociologique » m'a

1. Lauricella, lié à la famille Santa Paola de Catane, était également considéré comme l'émissaire de la mafia auprès des nationalistes corses. Ainsi François Santoni, assassiné en 2001 à Monaccia d'Aullène, circulait le jour de son assassinat au volant d'une BMW fournie par L.L. Toute une série d'attentats perpétrés dans l'île témoignent d'un véritable racket exercé sur Lauricella qui a « porté ses fruits ». Quant à Filipeddu, son nom apparaît dans d'autres affaires, dont la tentative de racket du golf de Sperone, l'affaire VA-OM en 1993 ou, quelques années plus tôt, celle du vrai-faux passeport d'Yves Chalier...

été présentée par un élu de premier plan, qui m'a accordé un entretien confidentiel, à l'occasion de l'élaboration de mon rapport : «Nous sommes une petite société. Dans une même famille, vous trouvez un magistrat, un préfet, des fonctionnaires et des individus fichés au grand banditisme. Vous n'empêcherez jamais ces gens de se rencontrer pour les fêtes de famille ou les grands événements de la vie. Lors de ces réunions, il n'est jamais question des activités des uns ou des autres. Nous sommes une société originale.»

Il faut intégrer dans la réflexion la «diaspora» et ses élites qui jouent un rôle majeur. Et bien évidemment nous pensons tous à Charles Pasqua et à son action à la tête du ministère de l'Intérieur.

Lorsqu'on se penche sur l'histoire de l'île au cours de ces dernières décennies, l'on ne peut que constater la difficulté qu'éprouve l'État à gérer dans la durée les problèmes rencontrés par la Corse... Les commissions d'enquête déjà évoquées ont largement disserté sur cet aspect.

Ainsi la commission Glavany réclame que «soit définitivement abandonnée l'idée que la paix civile s'achète ou se vend à coups de nouvelles dérogations fiscales, de dettes effacées ou d'amnisties excessives». Elle a voulu dénoncer «la lourde responsabilité de l'État, des administrations publiques hors d'état de répondre réellement aux enjeux, l'aveuglement manifesté par les administrations centrales malgré l'accumulation de rapports d'inspection pointant les dysfonctionnements des services administratifs, des réactions de l'État par éclipses, des négociations en catimini»...

Trop de concessions aux nationalistes !

Été 2001. Je suis en fonction à Bastia depuis trois ans, mon retour sur le continent se profile. Nous approchons de l'élection présidentielle de 2002. Le gouvernement semble persuadé que « la question corse » sera au centre de l'élection. Un certain nombre de concessions se dessinent pour « apaiser la situation » et notamment un « rapprochement des prisonniers politiques ».

J'avoue que ces perspectives, en totale contradiction avec la lettre de mission qui m'a été donnée au départ, ne m'enchantent guère. J'entends, quant à moi, rester fidèle aux principes guidant les actions que je mène depuis trois ans.

L'État a une forte tendance à gérer les problèmes de la Corse et notamment ceux liés à la délinquance et à la criminalité à partir du continent, avec comme conséquence une sous-dotation chronique des services de police et de justice locaux. Cette situation engendre un effet pervers, la déresponsabilisation des citoyens insulaires. À juste titre, ils ont tendance à poser, face aux difficultés locales, la même et sempiternelle question : que fait l'État ?

Dès mon arrivée en Corse, je plaide pour la création de structures locales. Élisabeth Guigou y adhère rapidement. Décision est prise de créer un pôle économique et financier à Bastia, dédié à l'instruction des dossiers les plus lourds. L'affaire dite des paillotes et la volonté affichée par la justice d'œuvrer en toute transparence et de parvenir à la manifestation de toute la vérité modifient le climat général. Les mesures coercitives prises à l'encontre des gendarmes et du préfet mis en cause provoquent des dissensions au sein de la classe politique et du gouvernement. Le ministre de l'Intérieur, Jean-Pierre Chevènement, manifeste lui-même son désaccord sur la conduite de l'affaire des paillotes et son soutien au préfet incarcéré.

Défense de rupture

Je suis moi-même victime dans ce contexte de plusieurs tentatives de déstabilisation dans le cadre d'une « défense de rupture » orchestrée par maître Jacques Vergès, avocat sollicité par Bernard Bonnet, qui n'assurera officiellement sa défense que devant la cour d'appel.

J'entretiens avec maître Vergès, sur fond de joutes judiciaires datant de La Réunion, des relations assez singulières, curieux mélange d'hostilité et d'estime mutuelles. De telles attaques marquent mon quotidien depuis plusieurs années sur « l'île intense ». La communication médiatique est essentielle et il convient, sur ce terrain, de rendre coup pour coup. Les rapports de confiance entretenus avec plusieurs médias locaux et nationaux m'apportent un soutien actif dans les combats que je mène.

La première offensive vient justement de La Réunion. Un groupe de dockers issu de cette île, accompagné par un avocat réunionnais bien connu, dépose plainte contre moi, en ma qualité d'ancien procureur de la République à Saint-Denis, auprès du doyen des juges d'instruction de Bastia. Ils dénoncent des délits imaginaires liés, selon eux, à une bavure commise par la gendarmerie à l'occasion d'une opération de maintien de l'ordre.

Je donne une conférence de presse lors de laquelle je m'explique. L'attaque fait long feu. Les médias corses et réunionnais dénoncent la manipulation dont je suis victime.

Une seconde offensive est alors imaginée.

Bernard Bonnet dépose plainte avec constitution de partie civile entre les mains du doyen des juges d'instruction de Paris, notamment pour violation du secret de l'instruction, en visant plusieurs personnes dont moi-même. Je suis convoqué à la capitale par le magistrat instructeur désigné. Il estime nécessaire de m'entendre comme témoin assisté, au prétexte de me donner un statut protecteur…

Je le mets en garde, en lui expliquant qu'il intervient dans le cadre d'une opération de défense de rupture, que la justice est manipulée, et que faire de moi un témoin assisté, eu égard à la situation corse, peut avoir des effets déplorables. Rien n'y fait. Droit dans ses bottes, le juge maintient sa position, puis me pose quelques questions anodines.

Et bien évidemment la manœuvre se concrétise.

Dès mon retour à Bastia, le soir même, des journalistes m'assaillent. Entre autres questions, ils me demandent sans prendre de gants « si cette audition comme témoin assisté annonce une mise en examen » ; et « si je peux, dans un tel contexte, continuer à exercer mes fonctions en Corse »…

Là encore une communication ciblée permettra de rétablir la situation.

L'impalpable Brise de mer

Pour en revenir au grand banditisme, l'un des maux majeurs de la Corse, on a tendance à présenter la mythique Brise de mer comme une organisation parfaitement structurée. Je serais plus prudent : selon moi, il s'agit plutôt d'une criminalité protéiforme. Nous avons affaire à des groupuscules qui nouent des solidarités de circonstance. L'erreur serait de raisonner par analogie avec l'hermétique mafia calabraise ou la très hiérarchisée mafia sicilienne. Il n'y a pas en Corse d'organisation verticale avec, au sommet, une instance supérieure comparable à la *Cupola* de Cosa Nostra[1].

Une autre erreur consiste à traiter le « terrorisme nationaliste » et le banditisme comme deux phénomènes distincts, en sous-estimant (au mieux) l'importance de l'un pour mieux atteindre l'autre… Je pense que l'interpénétration de ces deux formes de criminalité est suffisamment démontrée. Comme je l'ai dit, j'ai pu bénéficier, pendant la rédaction de mon rapport sur la criminalité organisée, de nombreux soutiens.

J'ai eu moins de succès lorsque je me suis adressé à la Direction centrale de la police judiciaire (DCPJ) pour

1. La *Cupola* (Coupole) est l'instance supérieure de Cosa Nostra, la mafia sicilienne. Elle se réunit rarement et chapeaute les commissions provinciales. Il est à noter qu'exceptionnellement des membres d'autres mafias, comme la Camorra napolitaine, peuvent être admis dans la Cupola.

obtenir copie de certains documents, dont l'existence m'avait été révélée par ailleurs. Il s'agit essentiellement de synthèses sur l'histoire et l'évolution du banditisme local, sans grande sensibilité et sans lien direct avec des procédures en cours.

Le secret de l'enquête m'est opposé, pour des raisons que j'ai encore du mal à analyser aujourd'hui. Je saisis alors la Chancellerie. Je n'obtiens aucune réponse. Heureusement, par recoupements, j'accède à l'essentiel des éléments qui m'intéressent.

Les compromissions de l'État

Je ne souhaite pas ici évoquer l'instruction du dossier ouvert à la suite de l'assassinat du préfet Érignac, qui ne relève pas de la compétence des juridictions corses, même si j'ai pu suivre, en temps réel, l'arrestation des « membres du commando » et les conditions de la fuite d'Yvan Colonna.

Je ne parlerai que de faits connexes. En effet, quelques jours avant son arrestation, le 3 mai 1999, Bernard Bonnet me contacte via mon Rimbaud[1] crypté pour me mettre en alerte.

Il m'indique que l'un de ses informateurs lui fait savoir qu'en cas d'interpellation des auteurs de l'assassinat de son prédécesseur, un attentat serait commis sur la personne d'un haut magistrat. Bernard Bonnet ajoute que

1. Réseau téléphonique qui permettait des communications protégées et classées « secret défense ».

cet attentat serait perpétré derrière le palais de justice de Bastia, au niveau d'un kiosque à journaux… J'effectue des vérifications auprès des services d'enquête. Ils m'indiquent ne détenir aucun élément permettant de confirmer ou d'infirmer les propos du préfet.

Je me rapproche alors de Jean-Louis Bruguière, le magistrat instructeur en charge, au premier niveau, du dossier Érignac. Nous convenons que les enquêteurs placés sous son autorité m'informeront des opérations marquantes devant intervenir au cours des prochains jours – les premières arrestations seront effectuées le 21 mai 1999 –, afin de me permettre d'opérer, à mon niveau, toutes les mesures de sécurité utiles. Frédéric Veaux, le directeur du SRPJ d'Ajaccio, se charge d'assurer le lien, mission dont il s'acquitte avec beaucoup d'efficacité et de loyauté.

J'apprendrai ultérieurement que Bernard Bonnet a également mis en alerte, dans les mêmes conditions, Bernard Lemaire, le préfet de la Haute-Corse. Il lui aurait indiqué cette fois-ci que, selon son informateur, un attentat serait commis à Bastia, devant la préfecture, sur la personne d'un membre du corps préfectoral de Haute-Corse…

À l'époque, les entrepreneurs venus d'ailleurs, en l'occurrence du continent, sont interdits de séjour sur l'île de Beauté. Les engins de chantier fraîchement débarqués sont immédiatement incendiés. Nous nous trouvons dans un maelström où le nationalisme violent, la délinquance classique et la délinquance économique et financière se mélangent, formant un nœud inextricable, qui rend urgente une approche globale.

Malheureusement la plupart des dossiers, lorsqu'ils sont ouverts, stagnent, faute de moyens et de compétences suffisantes pour mener des enquêtes souvent délicates. Décision est donc prise par Mme Guigou de mettre en place le pôle économique et financier de Bastia.

Quand cette structure commence à fonctionner, elle compte deux juges d'instruction, un procureur adjoint et trois assistants spécialisés, notamment des douanes et de la Direction générale de la concurrence, de la consommation et de la répression des fraudes (DGCCRF). Dès l'origine, le pôle croule sous 160 dossiers, asphyxié par les articles 40 du préfet Bonnet.

Parmi ces procédures figure l'affaire du Crédit agricole. Longtemps considéré comme le plus grand scandale financier mis au jour à la suite de l'assassinat de Claude Érignac, ce dossier tentaculaire concerne, pour aller vite, un système de prêts accordés à des agriculteurs et systématiquement pris en charge par l'État à la suite de la défaillance des débiteurs.

De nombreux agriculteurs établissent des déclarations fallacieuses. Plus grave encore, certains de ces prêts connaissent d'étranges destinées : achat de chevaux de course, de voitures, construction de lotissement... Les investigations provoquent la mise en examen de la caisse régionale pour « escroquerie aggravée » et la mise en cause de plusieurs notables.

Une opération coup de poing, extrêmement médiatisée, avait été menée sur la caisse régionale du Crédit agricole par l'inspection générale des finances.

Les inspecteurs rendent leur rapport le 5 mai 1998. Dès le 28 mai, le siège national de la banque place la caisse régionale de Corse sous la tutelle d'une commission de gestion provisoire.

Bien évidemment, j'ai perdu le fil du dossier après mon départ de Corse. Mais, au cours de l'instruction, quarante mises en examen – dont celle de deux préfets soupçonnés de fermer les yeux sur de coupables pratiques ! – sont notifiées.

En 2008, pourtant, le parquet de Bastia requiert et obtient un non-lieu dans ce dossier, sachant que la saisine des juges concernait 1 900 prêts litigieux pour un total de 750 millions de francs. Rappelons le contexte. Lors de l'enquête sur l'assassinat du préfet Érignac, la piste agricole est, dans un premier temps, fortement privilégiée par Roger Marion, alors patron de la Direction nationale antiterroriste (DNAT). Tout ce qui est agricole commence donc à sentir le soufre.

Peu après mon arrivée à Bastia, au vu des premiers éléments de procédure, je fais un rapport à la Chancellerie pour signaler l'existence de carences manifestes de l'État dans ce dossier. L'affaire génère un effet « boomerang ». Elle met en évidence, au travers du laxisme dans l'octroi de ces prêts, la responsabilité des pouvoirs publics qui ont laissé faire, en s'abstenant de procéder à des contrôles. Leur fermeté aurait permis de mettre un terme à ces dérives.

À ce titre, ce dossier est pour moi hautement symbolique des compromissions qui ont, trop longtemps, accompagné la gestion des problèmes de la Corse. Comme je le crains, le pôle économique et financier de Bastia se trouve immédiatement débordé, avec un effectif dérisoire au regard des enjeux et des contentieux à traiter. Les assistants spécialisés, auxquels on n'a pas su donner un statut digne de leurs responsabilités, se découragent. Je vis mal cette situation, mais, même si elle peut paraître presque caricaturale, elle correspond au sort réservé, au fil des décennies, à la justice en France : une pénurie bien rodée, bien installée, et des exigences, à son égard, toujours plus fortes.

Depuis mon départ de Bastia, l'évolution de la situation en Corse reste pour moi une préoccupation. Avec l'arrivée au pouvoir des nationalistes, je veux bien croire à l'émergence d'une classe politique vertueuse, sur fond de « dégagisme » des tenants d'un ordre – ou plutôt d'un désordre – ancien.

J'ai la conviction que la solution des problèmes de criminalité de la Corse doit d'abord être recherchée et trouvée au sein de l'île elle-même. J'ai ressenti, à l'occasion de l'exercice de mes fonctions, une véritable adhésion aux mesures mises en œuvre, avec respect et avec sérénité, pour garantir l'application égalitaire des lois de la République.

Il faut donner, en Corse, aux services de police et de gendarmerie comme aux juridictions des moyens à la hauteur des enjeux qu'ils doivent relever. La Corse est largement ouverte sur le monde. Elle doit résister aux tentations de repli, en refusant toute approche ethniciste ou communautariste.

Je reste optimiste. Je crois toujours à la possibilité d'un sursaut citoyen.

3

Philippe Toccanier, l'intransigeant

Ce Savoyard, âgé de 49 ans, prend son premier poste à Besançon en 1994, quatre ans avant l'assassinat de Claude Érignac. La mort du préfet est un tournant pour la justice en Corse. Un appel à candidatures est lancé pour recruter de nouveaux juges sur le continent. Il est important que l'État de droit retrouve toute sa place sur l'île.

La famille de Philippe Toccanier désapprouve son choix, elle lui dit qu'il est inconscient, qu'il va mettre sa femme et ses enfants en danger. Mais le magistrat, alors tout juste trentenaire, est poussé par sa hiérarchie à se jeter dans la « fosse aux lions ». Il prend ainsi deux décisions importantes : sa mutation en Corse et un voyage à Venise avec son épouse, juste avant, afin d'obtenir son aval. Mais la suite du séjour dans l'île de Beauté n'a rien d'une romantique balade en gondole. Au menu, Brise de mer, fuites en tout genre, rocambolesque affaire des paillotes et tentative d'attentat contre lui !

Le magistrat veut pourtant revenir sur l'île après l'avoir quittée en 2002. Il postule pour le poste de procureur de Bastia, avant d'en être dissuadé en raison de risques trop importants pour sa sécurité. Trop de passif sans doute avec les mafieux de l'île... Il occupe aujourd'hui le poste de procureur de Thonon.

« Restez à Paris, madame la ministre, mais donnez-nous des moyens ! »

Je débarque à Ajaccio en janvier 1999, des idées préconçues plein la tête. La Corse sera finalement un lieu adapté pour exercer mes fonctions de magistrat. Me voilà affecté au parquet dans un poste de substitut, ce qui est une chance, car je tombe sur un procureur exceptionnel en la personne de Jacques Dallest[1]. L'homme, très pédagogue, m'explique que cette période est propice pour faire bouger les lignes.

L'exercice de la justice nous réservera par la suite bien des surprises. Un exemple me vient d'emblée à l'esprit. Nous perquisitionnons le bureau du colonel Mazères, le chef de la gendarmerie en Corse dans le cadre de l'enquête sur l'incendie de la paillote « Chez Francis ». Nous soupçonnons alors Mazères d'être lui-même impliqué dans l'incendie.

Une « perquise » à rebondissements ! Nous retrouvons dans les documents saisis une note confidentielle sidérante, relative à des instructions à tenir en cas d'interpellation de nationalistes pour port d'armes. Le texte explique, sans gêne aucune, que le traitement des interpellations devra être « adapté » selon qu'il s'agit de membres du MPA d'Alain Orsoni ou de membres

1. Voir le chapitre 5 de Jacques Dallest, p. 137.

rivaux de la Cuncolta Naziunalista ! En conséquence, les membres du MPA devront être systématiquement placés en garde à vue et déférés devant la justice. Inversement, ceux de la Cuncolta – les militants du FLNC dit canal historique[1] – seront immédiatement remis en liberté... Il existerait donc en haut lieu une stratégie destinée à favoriser un mouvement au détriment d'un autre !

Lors de mes contacts avec les nationalistes, je ne serai guère impressionné par leur niveau intellectuel, ni leur culture politique. Le discours tenu est plutôt primaire. Car nous n'avons souvent affaire qu'à de simples « porte-flingues » qui se glissent dans une magnifique tunique nationaliste.

Des magistrats sous haute surveillance

Ne rien laisser passer, aller jusqu'au bout dans les procédures – ce qui n'est pas sans danger –, telle est ma volonté durant mon séjour en Corse. Se montrer particulièrement méfiant avec les gens qui tentent de « sympathiser » est une règle d'or. En Corse, il convient de se garder de tout et de tout le monde. Beaucoup de choses vous sont proposées : des sorties au restaurant, des balades en bateau et tout le reste... Certains cherchent à vous prendre en main par tous les moyens possibles et imaginables, y compris les moins avouables, je n'entrerai pas dans les détails.

1. Voir le chapitre 1 de Roland Mahy, p. 25.

Être magistrat dans l'île relève, disons-le, d'une sorte de sacerdoce. Quel que soit le corps d'État ciblé – préfecture, administration, police, justice –, le but reste de vous harponner. Vous êtes constamment surveillé, et pas forcément par des gens recommandables.

Dès mon arrivée je sens que mes allées et venues sont contrôlées. Ainsi, fraîchement débarqués à Ajaccio avec mon épouse, nous nous rendons dans une agence immobilière du quartier du Salario pour dénicher un appartement. Une première remarque fuse aussitôt : « Vous êtes le nouveau magistrat du parquet ? » Preuve en est, si vous pouviez en douter, que je suis totalement identifié.

Arrive le moment du plongeon dans le grand bain insulaire dans une ambiance judiciaire étouffante. Dès ma première audience, me voilà pris à partie par un coutumier de l'exercice, l'ancien bâtonnier Antoine Sollacaro. L'avocat d'Yvan Colonna est connu pour son engagement nationaliste. Mais il sera assassiné en octobre 2012 à Ajaccio pour des motifs qui, eux, n'ont rien de politique. Sollacaro m'invective en me présentant comme le représentant de la « justice coloniale » envoyé en Corse ! Il ne fait pas dans le détail, du Sollacaro dans le texte. Je rends coup pour coup.

Reconnaissons-le, d'emblée on a le sentiment de baigner dans un milieu hostile. Au quotidien nous sommes, nous magistrats, confrontés constamment à des avocats qui pratiquent une défense de rupture. Mais les « baveux » ne sont pas nos seuls adversaires : nous devons inlassablement nous méfier des gens qui travaillent avec nous, greffiers, policiers ou gendarmes… Rien n'est simple. La Corse est une île sous influence.

Au bout de quelques mois d'initiation, j'entre de plain-pied dans un domaine sensible, celui de la mafia corse. L'affaire de Sartène me vient à l'esprit. Il s'agit de l'interpellation de ceux que nous appellerons « le club des cinq » – Francis Mariani, Maurice Costa, Alexandre Chevrière, Éric Marand et Pierre-Marie Santucci – au cœur de cette perle de l'extrême sud située entre Propriano et Bonifacio. Mais nous sommes loin de la « Bibliothèque verte » ! Mariani, Costa, Santucci, nous voilà dans le cœur nucléaire de la Brise de mer, la célèbre équipe qui, en ces années 1990, a droit de cité en Corse, particulièrement dans le nord de l'île. Que viennent donc faire ces malfaiteurs chevronnés à Sartène, le 4 juillet 2000 ? La petite troupe est en effet coincée par les gendarmes sur la Grand-Place.

Les suspects se déplaçaient selon un dispositif impressionnant, circulant avec deux voitures volées au moyen de clefs réencodées grâce à une valise NXR. Un matériel, destiné à copier les clefs codées de véhicules, exclusivement destiné aux concessionnaires de la marque concernée… et qui n'a évidemment rien à faire entre les mains de tels bandits ! Je découvrirai d'autres exemples de cette « anomalie » : des véhicules dérobés avec une clef réencodée que l'on retrouve garés devant le domicile du propriétaire une fois que les voleurs ont terminé leur coup…

Racket à Sartène

À Sartène, les gendarmes interviennent à la demande d'un restaurateur, inquiet de voir les cinq suspects à proximité de son établissement. Il décrit le scénario : deux personnes qu'il ne connaît pas s'attablent, consomment, paient l'addition en espèces, puis lancent au patron la phrase rituelle : « La prochaine fois, c'est pour toi. » Le message est clair : il devra désormais payer le prix du racket après indication du montant et des modalités de paiement... Selon le témoin, les deux comparses demeurent trente minutes dans l'établissement avant de repartir dans une Peugeot 306 blanche.

Le même jour, le même restaurateur identifie les deux individus dans le centre de Sartène en compagnie d'autres personnes assises sur un muret face à la Poste. Les gendarmes interviennent et saisissent dans un sac à dos un pistolet automatique Smith & Wesson, de calibre 9 mm, un Luger, deux chargeurs approvisionnés. Deux véhicules volés, un Kangoo et une Nissan Primera, sont également placés sous scellés. Santucci, Costa, Mariani sont pris dans la nasse.

L'attitude du restaurateur est étonnante. Il s'est tout simplement volatilisé dans la nature après avoir pris connaissance de l'identité des mis en cause ! Certes, les suspects seront par la suite condamnés pour racket. Mais j'estime que ces gens-là sont venus de Bastia pour un autre motif. Il est fort possible qu'ils visaient en fait ce jour-là François Santoni, devenu un grand rival de la

Brise de mer avec Armata Corsa, aux côtés de son ami et associé Jean-Michel Rossi[1].

En effet, « ces messieurs trop tranquilles » sont calibrés comme des porte-avions. Un attirail peu nécessaire pour une simple opération de racket. Avec Jacques Dallest, nous comprenons qu'il s'agit là d'un dossier « très spécial ». Nous décidons alors de concert d'établir un triple conforme. Je m'explique : en général, un dossier se compose d'un original et d'un double conforme. Ici nous pressentons clairement tous les deux qu'il est indispensable de prévenir tout risque de disparition prématurée du dossier…

Et le futur, malheureusement, ne nous donnera pas tort, car les tomes I et II s'envolent mystérieusement du coffre du juge d'instruction Patrice Camberou[2], chargé de l'affaire. D'après mes informations, récemment recoupées par le repenti Claude Chossat[3], un membre du personnel du palais aurait perçu 150 000 euros pour s'introduire dans la salle, prendre les clefs dans le bureau du juge Camberou et ouvrir le fameux coffre…

Il y a cependant un « hic » : l'imposant dossier n'est pas aisé à transporter. Le colis est fort encombrant. Comme à l'époque aucune caméra ne surveille le

1. Un mois après l'affaire de Sartène, Jean-Michel Rossi est exécuté devant le bar La Terrasse, à L'Île-Rousse. On relève 50 douilles de calibre 9 mm, 12 mm et 222 Remington. Cet historique du FLNC est achevé de plusieurs balles dans la tête. Quant à François Santoni, assassiné un an plus tard à la sortie d'un mariage à Monaccia d'Aullène, il a occupé de très hautes fonctions au sein du FLNC. Il crée avec Jean-Michel Rossi en 2000 Armata Corsa, une dissidence de l'organisation et le paravent d'activités mafieuses.

2. Voir le chapitre 4 de Patrice Camberou, p. 114.

3. *Repenti, un ancien de la Brise de mer raconte*, Fayard, 2018.

bâtiment, personne n'a rien vu. Au cours de cette période trouble, le bâtiment est une vraie passoire, au sens propre comme au sens figuré : il a été mitraillé onze fois ! Les bureaux sont censés être protégés par des vitres blindées. Mais quelle protection ? Un jour, on trouve de la dynamite derrière un radiateur...

La disparition du dossier de Sartène provoque la saisine immédiate de l'Inspection des services judiciaires. Les enquêteurs interrogent tous azimuts, mais les investigations lambinent. Lionel Moroni, un avocat toulonnais qui défend des membres de la Brise de mer, est venu consulter le fameux dossier deux jours avant le vol. Par ailleurs, nous savons tous qu'à l'intérieur même du palais de justice d'Ajaccio se trouvent des gens liés au grand banditisme. Il s'agit de professionnels du droit exerçant dans la fonction publique et de «libéraux» notamment apparus lors de surveillances policières. Quelques pistes, mais aucune certitude.

Nos malfrats de Sartène débarquent tous de Haute-Corse, sauf Marand, recruté dans le Milieu toulonnais et Chevrière, un Marseillais qui a connu son heure de gloire lors du casse de l'UBS à Genève en 1990 – une affaire pour laquelle il sera acquitté en 2004. Je le répète, certains ont été condamnés dans l'affaire d'extorsion de Sartène, mais à mes yeux dans cette histoire deux histoires se percutent.

Je note que tous ces suspects, malgré leur lourd passé judiciaire, ont un casier portant la mention «néant». Aucun d'eux ne m'impressionne. Vraiment aucun ? Seulement un, Francis Mariani. Je garde en mémoire notre première rencontre. Mariani toise son interlocuteur d'une certaine façon. C'est presque de la menace directe. De la menace sans les mots.

L'affaire de Sartène n'en est qu'à son premier chapitre. Incarcérés à la prison de Borgo, Santucci, Mariani et Costa ressortent libres comme l'air dans l'un des épisodes les plus tragicomiques de l'histoire pénitentiaire française. Un faux fax censé provenir du palais de justice d'Ajaccio est adressé le 31 mai 2001, à 17 h 04, au greffe de la prison. Le document ordonne la libération sur-le-champ des trois suspects. Le fax semble effectivement rédigé de la main du juge des libertés et de la détention, Bonaguidi.

Plusieurs observations. En premier lieu, les faussaires ont clairement accès au dossier d'instruction. Je remarque également que le faux fax – parti en réalité d'un hôtel d'Aix-en-Provence – est adressé un vendredi soir, au moment où la vigilance baisse au greffe de la maison d'arrêt – à moins qu'il n'existe une complicité au sein de ce même greffe ? Pire, nous ne pourrons rien y faire ! Nous nous heurtons à une difficulté juridique : à l'époque, l'évasion sans effraction n'est pas un délit. Le Code pénal a depuis rectifié le tir : la procédure de contre-appel téléphonique est désormais obligatoire.

Interrogeons-nous cependant sur la bienveillance dont bénéficie la Brise de mer. Si elle prospère, c'est justement qu'elle jouit d'une protection. Soyons clair, la « Brise » rend quelques services dans la lutte contre le terrorisme insulaire en fournissant d'utiles renseignements. Nous savons aussi – derrière la légende du bar de la Brise de mer – que le premier cercle de l'organisation se réunissait en fait dans un bar de Moriani sur la plaine orientale, à environ trois quarts d'heure de voiture de Bastia[1]. Concernant les partages de territoire, cette mafia vivait en bonne harmonie avec Jean-Jé Colonna, l'ancien parrain de Corse-du-Sud. La Brise obtient ainsi en réalité sa part du gâteau sur tout le territoire insulaire.

Il convient donc d'établir des règles strictes pour préserver le secret des affaires en cours. Nous n'échangeons qu'entre nous en évitant de rendre compte afin de cloisonner les affaires. Je le répète, les fuites sont constantes.

Le contexte autour de ces affaires est tellement pesant que nous établissons entre juges trois règles non écrites :

– vous ne savez jamais à qui vous avez affaire ;
– vos faits et gestes sont connus de beaucoup ;
– tout est possible mais le pire est toujours à venir.

Notre volonté est de mener les dossiers à leur terme. Et nous formons, à Ajaccio, un groupe de cinq magistrats très efficaces : Jacques Dallest[2], Patrice Camberou, Christophe Perruaux, Jean-Michel Gentil, qui s'illustrera bien plus tard dans les dossiers Sarkozy, et moi-même. Nous sommes le commando avancé d'un pôle pénal de guerre agissant en territoire hostile. Cette organisation est une sorte de répétition générale de la JIRS de 2004[3].

1. Fief du comptable de la Brise, Christian Leoni.
2. Voir le chapitre 5 de Jacques Dallest, p. 137.
3. Voir les chapitres 5 et 6, respectivement de Jacques Dallest et de Claude Choquet, p. 137 et p. 173.

Une véritable *taskforce* contre le banditisme. Un «Club des cinq» vraiment très uni, très en confiance. Nous dînons souvent les uns chez les autres, nos familles sont proches.

Plasticage à Cargèse

Chaque opération exige une prudence de Sioux. Je prends un exemple. Me voilà chargé d'un dossier à Cargèse où une société de navettes en mer a été plastiquée. Les informations en notre possession désignent, à tort ou à raison, comme commanditaires de cette action des bateliers concurrents, dont la famille Colonna, plus précisément Stéphane, le frère d'Yvan, l'assassin du préfet Érignac. Nous ciblons une villa située dans le périmètre de Cargèse, fief de la famille. L'homme visé est un proche de Stéphane Colonna.

Pour ne pas éveiller les soupçons, je prépare donc en grand secret cette intervention un peu spéciale avec les gendarmes. Nous débarquons sur place à six heures du matin avec une pelleteuse, puis nous commençons à creuser et extirpons plusieurs fûts qui contiennent un impressionnant stock d'armes, d'explosifs et de cordons détonants. Au final, le suspect ne sera finalement pas confondu pour la destruction des navettes mais condamné pour détention d'armes. Quant à Stéphane Colonna, rien ne permettra, malgré les soupçons, de l'impliquer.

Une autre affaire me vient à l'esprit. Nous agissons avec les juges d'instruction Patrice Camberou[1] et Jean-Michel Gentil dans le cadre d'investigations lancées à l'initiative du préfet Bernard Bonnet. Ce jour-là, la famille Guazzelli, dont le père Jean-Angelo est l'un des maillons fondateurs de la Brise de mer, est dans notre collimateur. Nous mettons le cap sur leur fief, une villa pharaonique perchée au-dessus du village de La Porta[2]. Elle fut construite par deux entrepreneurs, deux architectes d'intérieur de Vescovato abattus bien avant mon arrivée, les frères Toussaint et René Celli. René, en particulier, est connu pour sa très grande proximité avec la Brise.

Nous pénétrons donc dans la majestueuse propriété. Le propriétaire est absent. Subitement, mon collègue et moi tombons des nues : on aperçoit un ouvrier pelle en main qui creuse méthodiquement un trou de deux mètres de long sur un de large... En gros, la taille d'une tombe ! Que diable se prépare-t-il à enterrer ? Ou plutôt qui ? Nous remarquons également que ledit trou est situé tout près d'un appentis où trônent des crocs de boucher... De quoi alimenter notre imagination déjà fertile quand on connaît les méthodes parfois barbares de la mafia corse. Nous repartirons sans réelles réponses à nos morbides interrogations.

Puis nous perquisitionnons un lieu tout aussi luxueux, l'appartement de Jean-Angelo Guazzelli, au beau milieu du boulevard Paoli, l'artère centrale de Bastia. Le lieu

1. Voir le chapitre 4 de Patrice Camberou, p. 103.
2. Situé dans la région de Castagniccia, à l'est de la Corse.

est un véritable palais, richement meublé. Quelle n'est pas alors notre surprise de tomber sur un avis de dégrèvement fiscal ! J'avoue que cela m'a fait un peu mal au cœur. Je note au passage que le propre frère d'Angelo Guazzelli, responsable de la caisse régionale du Crédit agricole, a alors la haute main sur tous les investissements du secteur BTP.

C'est à cette époque que le préfet Claude Érignac nous met la pression en informant le parquet de diverses opérations liées à l'urbanisme. Il s'y est sans doute créé quelques solides inimitiés. Le problème en Corse – et pas seulement en Corse – demeure l'utilisation des fonds publics. Dès l'origine, nous nous retrouvons désarmés face à l'ampleur du travail à mener. Les moyens ne sont pas les mêmes qu'aujourd'hui. La loi Perben II contre le crime organisé et les lois antiterroristes permettent désormais d'utiliser des techniques spéciales d'enquête.

Combien d'enquêteurs fiables ?

C'est le moment d'évoquer les moyens humains. « Combien de divisions », aurait dit un certain Joseph Staline. La section de recherches de la gendarmerie compte l'un des effectifs les plus importants de France, doté de cent personnes ; la police judiciaire également. Mais – la question demeure, brutale – pour combien d'enquêteurs fiables ?

Je le dis aujourd'hui sans gêne, nous sommes bloqués sur des affaires sensibles en raison de fuites, ce qui nous contraint à écarter certaines personnes, policiers ou autres. Je tiens en revanche à rendre ici un hommage particulier à un enquêteur corse. Cet homme loyal est l'un de nos meilleurs agents, républicain et fidèle. Il serait injuste de réduire la Corse à ses bandits. La plupart des habitants de cette île demeurent profondément attachés à la France et à la République.

Mais cette République a passablement dérapé avec l'affaire Bonnet. Je rappelle que trois gendarmes du Groupement de pelotons de sécurité (GPS)[1] ont incendié la paillote « Chez Francis » ; l'un d'eux, le capitaine Norbert Ambrosse, a été grièvement brûlé dans l'opération. Le commando prend la fuite en laissant sur place des indices enterrés dans le sable. En travaillant sur le dossier avec le juge d'instruction Patrice Camberou[2], nous nous apercevons que d'autres services ont été mobilisés dans l'opération, notamment la police. Une Renault 5 des RG a participé au repérage de l'établissement « Chez Francis ». De même, une moto de la police prétendument volée a été repérée sur les lieux.

Revenons sur la chronologie. En mars 1999 survient l'affaire de la paillote « La Plage d'argent ». Politiques, locaux et nationalistes main dans la main face au préfet Bonnet. L'ancien ministre de la Défense François Léotard – dont la mère est corse – s'oppose au démontage de la paillote sur cette jolie plage de Porticcio. Or, ce jour-là, Bonnet est injoignable. Et personne ne veut prendre la responsabilité de faire dégager le site.

1. Présenté comme une unité d'élite.
2. Voir le chapitre 4 de Patrice Camberou, p. 121.

Après ce fiasco, Bernard Bonnet est furieux. Il choisit une sulfureuse et suicidaire stratégie : celle de la terre brûlée, qui consiste à mettre la Corse à feu et à sang en montant les factions les unes contre les autres. Le colonel Mazères, patron des gendarmes, et Gérard Pardini, le directeur de cabinet de Bonnet, sont à la manœuvre. Leur première action secrète est menée le 7 mars 1999 avec l'incendie de la paillote « Aria Marina », à Propriano. Puis Bonnet récidive : il fait mitrailler au fusil d'assaut M16 la maison d'un batelier à Bonifacio. Le tireur – un gendarme – se trouve en mer à bord d'un semi-rigide. Son arme s'enraye... Le but est de raviver la guerre des navettes qui desservent les îles Lavezzi. Le sombre stratagème fonctionne. Deux mois après cette « attaque », François Rocca, un batelier, est tué sur le port de Bonifacio.

Les pouvoirs de Bonnet s'amenuisent

Le contexte se complique pour Bonnet. Voilà maintenant une bonne année qu'il sévit sur l'île avec les pleins pouvoirs qui, au fil des mois, se réduisent comme peau de chagrin. Les responsables des différentes administrations reprennent peu à peu les choses en main. Alors Bonnet n'a plus le choix, le seul moyen de garder sa place de « super-préfet » est encore une fois de semer le désordre. Il crée autour de lui une sorte de secte regroupant ses affidés, dont plusieurs hauts fonctionnaires. L'enquête nous conduit à exploiter les Rimbaud – des téléphones électroniques codés. Nous découvrons d'étranges conversations qui démontrent la très grande proximité de ces gens entre eux, leur intimité même. Nous apprenons ainsi que Bonnet multiplie les réunions le soir venu. Comme un gourou. Officiellement, il s'agit de réunions consacrées à l'ordre public.

Mon entrée dans l'affaire des paillotes est banale. Cette nuit-là, je suis de permanence. Et lors de ces astreintes nocturnes, je note tout, ce qui aura par la suite, nous le verrons, une importance capitale. Les gendarmes de Coti-Chiavari se rendent sur les lieux, la paillote « Chez Francis » sur la plage de Cala d'Orzu. Ils m'informent des faits et d'une étrange découverte à proximité de la paillote totalement détruite par un incendie clairement d'origine criminelle : une cagoule et un talkie-walkie sommairement enterrés dans le sable. Nous ignorons pour l'heure qu'il s'agit d'un matériel de la gendarmerie.

Je tique dès le lendemain matin en relevant que le talkie-walkie listé dans mes notes nocturnes disparaît du procès-verbal de la brigade de gendarmerie d'Ajaccio... Je m'en étonne auprès des intéressés et ressens une gêne certaine. Le mystérieux appareil réapparaît alors, comme par miracle.

Nous établissons par la suite que ce matériel est en dotation au GPS. Nous constatons également – et cela trouble – que le colonel Mazères cherche à se renseigner constamment sur l'avancée de l'enquête. C'est étonnant pour une histoire aussi banale dans l'île. Un excellent adjudant à la brigade de recherche, considérant que c'est le fil d'Ariane de l'enquête, me conseille de suivre ce talkie-walkie à la trace. Il faut lever le dernier doute, confirmer que l'appareil fonctionne en fréquence 9, la fréquence du GPS. La boucle est bouclée.

Sans cet élément capital, il n'y aurait peut-être jamais eu de suites.

Peu à peu les pièces du puzzle s'emboîtent. Dans la foulée survient l'histoire rocambolesque du brûlé, le capitaine Ambrosse. Sa femme nous explique qu'il est rapatrié sur le continent pour un incendie de friteuse... Il est désormais certain que nous avons entre nos mains une bombe atomique.

Les événements se précipitent. L'Inspection générale de la gendarmerie nationale (IGGN) multiplie les auditions d'officiers. Fait rarissime, le grand patron des gendarmes, le colonel Mazères, est placé en garde à vue dans l'avion qui le transporte vers Paris sur décision du patron de l'IGGN, le général Lepetit.

Cette affaire a des conséquences terribles pour les gendarmes qui sont, disons-le, ridiculisés. Nous allons jusqu'au bout de l'enquête en identifiant le copieur de la préfecture qui a permis de photocopier le fameux faux tract retrouvé sur les lieux de l'incendie : «Féraud, balance des flics[1] ». Il porte clairement la signature d'un appareil de l'administration. Cette affaire provoquera une véritable purge en Corse dans la police, chez les gendarmes et dans les services administratifs.

1. Ce tract retrouvé sur les lieux, visant le propriétaire de la paillote «Chez Francis», est rédigé à l'initiative de Bernard Bonnet et de son directeur de cabinet, Gérard Pardini.

Perquisition à la préfecture

Je souhaiterais revenir sur un épisode marquant, l'arrestation du préfet Bonnet. C'était un après-midi un peu particulier. Avec Jacques Dallest, Patrice Camberou et Christophe Perruaux, nous discutons longuement de la conduite à tenir. Des charges s'accumulent contre le plus haut représentant de l'État en Corse. À un certain moment nous nous sommes regardés, nous avons dit : « On va y aller. »

Décision est prise de débarquer à la préfecture à 20 h 45. Le juge Camberou informe discrètement le patron de la Section de recherches (SR) d'Ajaccio, le colonel Michel Gotab, un type remarquable. Première surprise à notre arrivée sur place : l'agent de sécurité qui se trouve à l'entrée refuse de nous laisser pénétrer dans le bâtiment. Le préfet de police Francis Spitzer – ironie du sort, un ancien de la gendarmerie – est alors sollicité pour nous confier les clefs. Spitzer fait partie du grand nettoyage de l'après-Bonnet. Il a été muté à Saint-Pierre-et Miquelon.

Nous pénétrons sur les lieux. Le préfet vêtu d'une robe de chambre se trouve dans ses appartements privés. Nous le convoquons donc *sine die* dans son cabinet. D'entrée, la pêche est bonne. Le numéro d'immatriculation de la fameuse R5 des RG utilisée pour le repérage de la paillote « Chez Francis » trône bien en évidence sur le bureau.

Bonnet, totalement déconcertant, parle de lui à la troisième personne, ne semble pas concerné par cette histoire. Assis dans son imposant fauteuil, il sort un énorme cigare, souffle la fumée au visage du colonel Gotab. Le militaire ne bronche pas. Au bout d'un moment, Bonnet réclame un verre d'eau. Le patron de la SR s'exécute. Bonnet s'agace : « Un préfet de la République ne boit un verre d'eau que servi sur un plateau d'argent ! » Je suis ébahi.

Dans le même temps, le préfet nous agresse, il affirme que nous outrepassons nos droits. Nous plaçons en garde à vue dans la foulée son directeur de cabinet. Une perquisition au domicile de Gérard Pardini permet de saisir le fameux M16 ayant servi au mitraillage du batelier de Bonifacio. L'affaire est définitivement lancée.

Le dossier des paillotes a peut-être eu un effet très pervers, celui de pousser les autorités à ouvrir trop précipitamment un contre-feu à l'affaire Bonnet en lançant prématurément l'arrestation des membres du commando Érignac. Quelques semaines de patience, Yvan Colonna n'aurait pas été en alerte et il n'aurait sans doute pas eu le temps de s'échapper aussi facilement qu'il le fit durant la vague d'arrestations de mai 1999. Il aurait sans doute été interpellé et jugé bien plus tôt.

J'échappe à une bombe !

Venir en Corse équivaut à un parachutage en terrain hostile. Certes nous ne sommes pas jetés comme la Légion sur Kolwezi, mais on nous expédie tout de même sur un champ de bataille ! Nos moindres faits et gestes sont épiés. Voyous, nationalistes, ils savent tout de vous, ce que vous faites, vos déplacements, vos horaires, vos habitudes…

J'en profite pour aborder ici avec une certaine émotion la tentative d'attentat dont ma famille et moi sommes victimes. Une charge est placée sur le palier de mon appartement. L'engin est composé de pentrite reliée à un détonateur et à un minuteur. Je quitte d'ordinaire mon domicile à 7 h 30. Les poseurs de bombes sont donc au courant de mes horaires. Ce matin-là, pourtant, je pars plus tôt que prévu, en prévision d'une lourde audience.

Je tourne donc la poignée de la porte, ma serviette à la main. Face à moi trône sur le palier la charge qui fait « tic tac », comme dans les films. Je me glace… Mes deux jeunes enfants de 6 et 8 ans et ma femme se trouvent dans l'appartement. Nous évacuons immédiatement les lieux par le rez-de-jardin. Heureusement, un démineur se trouve à proximité, il désamorce rapidement la charge, et m'explique que j'ai vraiment eu beaucoup de chance : le dispositif n'a pas fonctionné…

Les faits parlent d'eux-mêmes, il s'agit clairement d'une tentative d'assassinat. Nous nous orientons très vite vers la piste nationaliste. Dans la foulée, deux suspects impliqués dans la fabrication des charges explosives sont interpellés. Quant à l'enquête, elle révèle que cet attentat est une réplique aux sanctions infligées à la suite d'incidents survenus en janvier 2002 lors du procès Bonnet. Le parquet défère ce jour-là des militants nationalistes en comparution immédiate. Je requiers contre eux une peine extrêmement efficace, l'éloignement du territoire corse. Les suspects ne me pardonneront jamais cette interdiction de séjour sur l'île.

Pour ma famille et moi, le séjour se complique. Le choc psychologique est évident, car on a ciblé notre domicile, manifestement surveillé, mais nous parvenons à rassurer nos jeunes enfants en leur faisant croire qu'il s'agissait de faux explosifs... Dès cette époque, nous voilà sous protection rapprochée pour huit mois. Un camion de CRS est stationné devant notre résidence et accompagne nos petits à l'école. Quant à moi, je circule dans un véhicule sécurisé et piloté par les policiers de l'Unité de protection policière (UPPN) en Corse[1], particulièrement efficaces et discrets, avec un gilet pare-balle posé sur le siège arrière. Mon épouse s'astreint aux mêmes précautions et soumet son véhicule au détecteur d'explosifs pour la moindre sortie !

Un autre souvenir. Comme je l'ai dit, je dois assurer une audience le jour de l'attentat. La garde des Sceaux, Marylise Lebranchu, cherche à me joindre par téléphone. Coincé dans la salle, il m'est impossible de répondre à la communication. La ministre parvient enfin à me parler dans la soirée. Elle me questionne : est-il nécessaire qu'elle se déplace à Ajaccio pour manifester son soutien ? Je lui réponds de façon assez abrupte : « Restez à Paris, madame la ministre, mais donnez-nous des moyens ! »

1. L'UPPN est un détachement du Service de protection des hautes personnalités (SPHP).

La période est extrêmement tendue sur le plan politique. L'un des tournants est sans conteste l'attentat perpétré en plein jour contre l'URSSAF et la DDE d'Ajaccio, le 25 novembre 1999. Des personnes sont présentes à l'intérieur des bâtiments. On dénombre sept blessés dans cette sinistre tentative, orchestrée par le groupuscule Corsica Viva[1]. On a frôlé le drame. D'ordinaire, les clandestins opèrent de nuit et prennent soin de frapper des objectifs sans faire de victimes. Là, c'est le basculement dans une violence extrême digne de l'ETA.

Nous sommes en plein processus de Matignon. Lionel Jospin, alors Premier ministre, pose comme préalable aux négociations l'arrêt de la violence et des attentats. Ces explosions ont eu un impact très fort. L'État, et c'est une surprise, flanche devant la menace ! Les pourparlers ont débuté sans ce préalable, plaçant de fait les nationalistes en position de force dans les négociations. Ils bénéficient de beaucoup d'avancées, sans doute trop.

L'ombre de Jean-Jé Colonna et des nationalistes

L'époque n'est pas seulement dangereuse au niveau politique. Je pense en particulier à l'assassinat de

1. Dirigé par le photographe Jo Peraldi, Corsica Viva est alors considéré comme la vitrine politique du FLNC du 5 mai, une faction dissidente. Jo Peraldi et ses complices seront, par la suite, condamnés à de lourdes peines pour ces attentats. En avril 2005, la cour d'assises spéciale de Paris le condamne à quinze ans de prison.

Robert Feliciaggi, un dossier instruit par mon collègue Jean-Michel Gentil. Nous sommes en avril 2006, Feliciaggi, l'associé de Michel Tomi, l'homme de la Corsafrique, l'empereur des jeux, débarque dans la soirée à l'aéroport d'Ajaccio. Celui que l'on surnomme «Bob l'Africain» se dirige vers sa voiture garée sur le parking, ouvre le coffre. Un tueur se glisse dans la nuit et l'abat froidement dans le dos. Feliciaggi est une vraie personnalité, proche de Charles Pasqua. C'est l'homme de Jean-Jé Colonna et des Bozzi qui ont mis la main sur toute la zone de Porticcio.

Quand je suis arrivé en Corse, on m'a présenté Jean-Jé Colonna comme le parrain de Corse-du-Sud. Impliqué dans une affaire de drogue du temps de la French Connection, l'homme part en cavale. Jean-Jé contrôle des dizaines d'établissements à Ajaccio et l'hôtel Miramar à Propriano. Cet hôtel va bénéficier du concours extravagant de la CADEC, la Caisse de développement de la Corse. La commission parlementaire présidée par Jean Glavany créée le 3 mars 1998 relève qu'au 25 octobre 1995 la CADEC compte plus de 12 millions de francs de créances sur l'hôtel... Il est mis en liquidation, puis racheté par la suite par des proches, dont Robert Feliciaggi en personne. Au total, la CADEC compte près de 1 milliard de francs de créances douteuses. La caisse est elle-même au bord de la cessation de paiement.

Feliciaggi et Jean-Jé Colonna veulent transformer la Corse en petit Cuba des années américaines. À l'époque, un commerçant ajaccien n'a pas le choix : soit il paie le racket, soit il vend à vil prix. C'est le système Jean-Jé.

Je me souviens d'un couple de Bretons qui ont monté une société prospère de service informatique dans le centre-ville. Ils refuseront de payer le racket et seront contraints sous la menace de quitter l'île de Beauté.

Les nationalistes possèdent également leur propre système d'extorsion de fonds *via* une société de sécurité comme Bastia Securita, contrôlée par le FLNC et Charles Pieri[1]. La pression est terrible pour les propriétaires de résidences secondaires. Impossible d'y déroger. Pour s'en sortir, il faut apposer l'écusson de l'entreprise sur l'entrée de sa maison, une sorte de sauf-conduit. Le signe que vous avez payé le racket.

La lutte contre les phénomènes de corruption des élus est du même tonneau. Notre souci est à l'époque d'éviter l'enlisement des procédures et les pressions. Nous avons donc innové avec Jacques Dallest en lançant systématiquement des enquêtes préliminaires suivies dans la foulée de citations directes pour éviter l'ouverture d'informations judiciaires et la saisine de juges d'instruction. Devant la multiplication des affaires, nous ne disposions pas en effet d'enquêteurs suffisamment efficaces et en nombre suffisant pour mener à bien de longues procédures. Il fallait donc limiter ces ouvertures d'informations aux dossiers les plus lourds.

Nous constatons également que certains financements sont dévolus toujours aux mêmes personnes, souvent des nationalistes. Le dossier de la chambre de commerce et d'industrie (CCI) d'Ajaccio, présidée par

1. Voir le chapitre 1 de Roland Mahy, p. 40.

le nationaliste Gilbert Casanova, est exemplaire de cette mentalité. Nous avons dès lors la volonté de monter des dossiers financiers ciblés. Pas moins de quatre informations judiciaires sont ouvertes sur les marchés de la CCI de Corse-du-Sud. Gilbert Casanova est membre du MPA d'Alain Orsoni. Il est aussi patron de la concession Peugeot. Élu en 1994, il se voit contraint de démissionner en 2000 à la suite de son incarcération à la prison de Fresnes pour banqueroute. On lui reproche 28,9 millions de francs de détournement d'actifs…

La justice est confrontée à un véritable système. Tout ce qui est considéré comme légitime à Paris est jugé ici comme hostile aux Corses. Plusieurs élus plongent dans des affaires de prise illégale d'intérêts sur des compromissions avec des entrepreneurs. La législation est tellement large et la Corse si petite qu'il est très difficile aux élus d'échapper à cette «loi de proximité» qui les conduit à privilégier telle entreprise plutôt que telle autre, au mépris des règles de mise en concurrence. Ce n'est pas spécifique à la Corse. Je fais aujourd'hui le même constat dans la zone de Thonon où la concurrence n'est pas toujours respectée…

La situation est-elle en voie d'apaisement avec l'arrivée au pouvoir des nationalistes ? En se référant aux chiffres, on peut répondre par l'affirmative : attentats, assassinats, vols à main armée diminuent. Mais ce n'est que la partie visible de l'iceberg. Si l'on descend plus profond dans les strates, on s'aperçoit que le terrain est beaucoup plus corrompu que dans les années 1990, comme cela est constaté dans des lieux prémonitoires (Albanie, Italie…). Les attentats ayant sérieusement diminué en Corse, la corruption passe par la prise de pouvoir politique, qui ouvre les portes à la modification des plans d'urbanisme, aux investissements douteux ou aux marchés truqués : l'avenir nous dira si ce calme correspond à une expansion des affaires juteuses.

Je vous confesse que, pour moi, magistrat de la République, cette arrivée au pouvoir des « natios » est une surprise incroyable. Parallèlement, nous assistons à une redistribution des groupes de pouvoir. Tout le contexte a changé, à la suite de la désintégration de la Brise de mer et la disparition de Jean-Jé Colonna qui s'est tué dans un accident de la circulation en novembre 2006…

Sur l'avenir, j'ai une grosse inquiétude tout de même : quelle peut être la force de l'État face à un pouvoir local de plus en plus vorace ? Concernant l'urbanisme, toutes les cartes sont désormais entre les mains des maires de l'île…

4

Patrice Camberou, le tenace

Patrice Camberou est un magistrat encore débutant quand il prend son poste à l'instruction à Ajaccio en 1999. Il encaisse, quand un rapport sénatorial le qualifie de juge « inexpérimenté ».

Ce jeune juge n'est pas pour autant candide. Il connaît la Corse depuis de nombreuses années, bien avant sa prise de fonction. D'énormes dossiers s'amoncellent sur son bureau, dont l'incendie de la paillote « Chez Francis ». Ainsi, malgré le climat de pression autour de cette mascarade qui implique le préfet Bernard Bonnet, le novice gère avec sérénité cette affaire d'État.

Mais c'est le ténébreux dossier de Sartène – qui met en scène trois figures de la Brise de mer dans une tentative d'extorsion de fonds – qui lui donne le plus de fil à retordre. Cette histoire démontre, une fois encore, l'influence malsaine des réseaux mafieux sur le fonctionnement de la justice en Corse.

« Une affaire d'État »

C'est à Bastia que j'occupe mon premier poste en Corse. En septembre 1996, j'y débarque avec une fonction de juge placé, c'est-à-dire « juge volant », affecté selon les besoins au siège, aux affaires familiales, à l'application des peines… Je suis un magistrat parmi d'autres qui ne s'occupe pas exclusivement d'affaires pénales.

Cette première séquence insulaire dure trois années. Cette île, je la comprends bien, car mon épouse, magistrate comme moi, est originaire de Balagne. Nous nous rendons régulièrement dans son village familial. Je n'arrive donc pas en terrain inconnu. Ma femme est en poste à l'instruction à Ajaccio, fonction qu'elle quitte avec l'arrivée de notre second fils. Je la remplace au moment de son accouchement en mars 1999.

Le tribunal a sauté !

Le premier chapitre de mon expérience corse peut se résumer à une itinérance judiciaire entre les principaux tribunaux de l'île de Beauté qui me permet de découvrir plus en profondeur Bastia, Corte, Ajaccio, Porto-Vecchio et Sartène. Nous sommes en septembre 1996, je remplace alors une collègue qui part en congé maternité. Cette entrée sur la scène corse se révèle plutôt explosive : le tribunal de Sartène, dans lequel je viens assurer mon premier remplacement, est la cible d'un attentat. La veille de ma prise de poste, on m'informe que le tribunal vient de « sauter » !

Sur place, c'est une vision d'apocalypse. Un trou béant traverse le milieu de la salle d'audience désormais ouverte aux quatre vents, comme si un train l'avait éventrée de part en part. Deux agents de greffe s'appliquent à ramasser consciencieusement les feuilles de dossiers au milieu des débris de verre et des gravats. Je leur indique qu'il serait plus prudent de rentrer chez eux tant que la zone ne sera pas sécurisée – le site doit, par ailleurs, être libéré pour permettre aux gendarmes de procéder aux prélèvements. Je m'aperçois que ces deux femmes écoutent, mais qu'elles n'entendent pas vraiment ce que je leur dis. En état de choc, elles continuent à ramasser les feuilles machinalement, comme des automates.

Le défi est de trouver la meilleure façon de mettre les dossiers en sécurité. Ici, au tribunal de Sartène, on ne traite que des affaires de tutelle, de saisies de rémunération, ainsi que quelques affaires de police sans aucun caractère de sensibilité. Tout cela ne semble pas intéresser grand monde. À ce moment précis, je n'ai de contact ni avec ma hiérarchie ni avec les forces de l'ordre. C'est un attentat de plus. Un point c'est tout.

« Habituellement », les attentats se produisent tard dans la nuit. Mais l'explosion, survenue vers vingt heures, blesse un passant ! L'urgence reste de remettre le tribunal en capacité de fonctionner correctement. Je me tourne vers le service administratif de la cour d'appel à Bastia et les deux chefs de juridiction : le président du tribunal de grande instance d'Ajaccio, Roger

François Lemblé, et Jean-Jacques Bosc, le procureur de la République d'Ajaccio.

C'est mon premier échange avec le procureur Bosc. Je lui expose la situation, lui précise que le tribunal doit être sécurisé le temps que les dossiers soient placés en lieu sûr. Il me signifie avec calme que tout est sous contrôle. C'est désormais l'affaire des enquêteurs et du parquet. Je sens dans sa voix une certaine lassitude. Manifestement, il en a déjà vu beaucoup depuis son arrivée en Corse. Sans doute trop. Le procureur me fait comprendre que cet attentat, aussi impressionnant soit-il, n'est qu'un événement parmi tant d'autres à cette époque en Corse. Son attitude témoigne de la fatalité qui s'installe sur l'île. Pour le novice que je suis, voilà un premier contact plutôt frontal avec la réalité corse. Je pressens déjà que tout peut arriver, ici. L'avenir ne me démentira pas.

Au quotidien, je traite des contentieux civils souvent de grande complexité, principalement des affaires de succession et de droit de propriété nécessitant mon déplacement sur les lieux, avec en toile de fond des conflits familiaux aussi inextricables qu'ancestraux. Le plus singulier demeure le contentieux électoral. J'ai le souvenir de nombreux recours déposés en 1998 au tribunal de Corte où j'effectue un remplacement – un palais de justice lui aussi frappé par un attentat à l'explosif quelques mois plus tard ! Le maire d'un village, les élus et de nombreux administrés sont présents à l'audience. Une présence inutile, car ces dossiers se jugent sur pièces. En réalité, tout ce petit monde vient symboliquement marquer son territoire. Un avocat a même plaidé l'impossible : la confirmation de l'inscription sur les listes électorales de dizaines d'électeurs...

Deux ans plus tard, je prends mes fonctions de juge d'instruction à Ajaccio. Il est évident que l'affaire des paillotes, l'un des dossiers les plus lourds que j'ai eu à gérer, marque mon passage dans l'île et, par la suite, tout mon parcours professionnel. J'y reviendrai.

Mais le dossier le plus risqué que j'ai à instruire demeure sans nul doute celui de l'arrestation à Sartène, le 4 juillet 2000, de plusieurs figures de la Brise de mer, Pierre-Marie Santucci, Francis Mariani et Maurice Costa. Ils sont accompagnés de deux continentaux, Alexandre Chevrière et Éric Marand, plus tard mis hors de cause. On les soupçonne d'avoir participé à une tentative d'extorsion de fonds sur un restaurateur. Mais la réalité du dossier est plus complexe.

Avec le recul j'ai le sentiment que cette affaire fait peut-être le lien entre les mafias du nord et du sud de l'île. Elle se rattache probablement à deux autres événements : l'assassinat en 2001 à Monaccia d'Aullène de François Santoni[1] et celui l'année suivante de Lillo Lauricella, un Sicilien lié à la mafia impliqué dans le tentaculaire dossier de l'île de Cavallo.

Avant d'entrer dans le détail de cette rocambolesque affaire, je m'imprègne de tout ce contexte corse. Je prends toute la mesure de la solitude du magistrat dans

1. François Santoni est abattu de treize balles de kalachnikov à la sortie d'un mariage en août 2001. Les tueurs, dissimulés derrière un muret, font feu au moment où il rejoint sa voiture garée sur la *stidda*, la rue principale de Monaccia d'Aullène.

l'île. Nous n'évoluons pas, nous magistrats, dans une profonde solidarité : trop souvent c'est le chacun pour soi. Parfois, au plus profond de moi, je m'interroge, je me mets à douter de la clarté de notre mission.

Legras reprend les choses en main

Face à ce tortueux dossier de Sartène, et comme dans l'affaire des paillotes un an auparavant, j'estime nécessaire de travailler en équipe. Je réclame la cosaisine avec un autre juge d'instruction. Jean-Michel Gentil instruira le dossier à mes côtés. L'affaire s'annonce d'emblée assez sensible en raison de la personnalité des mis en cause. Cette tentative d'extorsion de fonds est lourde à gérer, nous ne serons pas trop de deux pour instruire ce dossier.

Cette période reste particulièrement tendue pour l'univers judiciaire corse constamment sur la sellette. Les critiques contre les magistrats sont fréquentes. Elles ne sont pas uniquement le fait de la population insulaire, elles viennent souvent du continent. Souvenons-nous du rapport de la commission du Sénat sur la « politique de sécurité de l'État en Corse », paru à la suite de l'affaire des paillotes. Le document met l'accent sur la jeunesse et donc l'inexpérience des magistrats insulaires[1]. En pleine tourmente, nous avions plutôt

1. Cette commission sénatoriale sur « la conduite de la politique de sécurité menée par l'État en Corse » du 16 novembre 1999 pointe du doigt « une magistrature trop longtemps passive et des juges locaux inexpérimentés ».

mal digéré ces conclusions injustes et infondées du rapport sénatorial. À titre personnel, je prends acte, alors que le dossier des paillotes n'est pas encore jugé, que le rapport me classe nommément parmi les magistrats « inexpérimentés ».

Mais le ciel s'éclaircit avec l'arrivée du nouveau procureur général de la cour d'appel de Bastia, Bernard Legras[1]. Son prédécesseur avait annoncé dans une note maladroite qu'il convenait de se montrer « circonspect » dans la gestion des procédures en Corse. Manifestement la méthode change.

La garde des Sceaux vient à Ajaccio nous apporter son soutien et rechercher les solutions pour améliorer nos conditions de travail. L'assemblée générale organisée avec les magistrats réserve un accueil glacial à Élisabeth Guigou. La ministre est directement prise à partie par un magistrat qui, très ému, affirme qu'elle n'a pas pris conscience de la situation dans laquelle se trouve la justice locale. Rétrospectivement, cette incompréhension mutuelle apparaît logique. D'un côté, pour le gouvernement, le rétablissement de l'État de droit est une priorité. De l'autre, la pression ne cesse d'augmenter sur le monde judiciaire local, alors que ses effectifs et ses moyens ne varient pas ! Inéluctablement, un certain fatalisme s'installe.

1. Voir le chapitre 2 de Bernard Legras, p. 49.

Intimidation

C'est dans ce contexte pesant, cette atmosphère suffocante, que je suis saisi de l'affaire de Sartène. Les protagonistes de l'expédition sont interpellés, puis incarcérés, à ma demande. C'est ici que je prends frontalement conscience des méthodes mafieuses de la Brise de mer. Francis Mariani et ses acolytes cherchent à nous impressionner, exerçant une sorte de pression qui ne dit pas son nom.

Une scène forte me revient en mémoire. Une scène dont je n'ai parlé à mes proches que bien plus tard, un épisode difficile pour le jeune juge d'instruction que je suis. Deux des mis en examen se trouvent dans l'antichambre des cabinets d'instruction en attente de confrontation, entourés par les gendarmes. Je passe devant eux juste avant de me rendre dans mon bureau, ils me saluent. Je les salue à mon tour, par correction. Ils se lèvent en chœur. La scène ne dure qu'une fraction de secondes. Sans forcer la voix, sans me regarder dans les yeux, ils me murmurent qu'ils ne supportent pas la prison et que « cela va mal se terminer »... Le message est clair, la menace m'est destinée directement.

Je sors dans le couloir pour évoquer le dossier avec le procureur, puis retourne dans mon bureau pour commencer la confrontation sans faire mention de leurs propos, ni en avertir ma hiérarchie. Dans un tel contexte, je veux surtout rester concentré sur le dossier, éviter tout incident de procédure. Il est clair que ce duo cherche à me déstabiliser.

Peu de temps après, j'ai toutefois été placé sous protection pendant quelques semaines, car d'autres échos inquiétants sont arrivés – je fus une première fois mis sous surveillance dans le cadre de l'instruction des paillotes. Les avocats font régulièrement le siège de mon cabinet. Ce sont tous des pénalistes chevronnés qui guettent la moindre erreur de procédure afin que leurs clients puissent retrouver la liberté. Ils font leur travail. La mise en liberté des membres éminents de cette organisation criminelle est à chaque fois refusée. La pression s'intensifie. Les incarcérés déposent alors par l'intermédiaire de leurs avocats d'épaisses conclusions aux fins de nullité. Ils me font sérieusement « potasser » la procédure pénale...

L'affaire de Borgo

Mais l'histoire de Sartène c'est aussi une évasion rocambolesque. Le 31 mai 2001 tombe l'affaire du fax, que je rappelle brièvement : Santucci, Costa et Mariani sont libérés par erreur à l'aide d'une fausse ordonnance de mise en liberté envoyée par fax au greffe de la maison d'arrêt de Borgo et émanant prétendument du greffe du tribunal d'Ajaccio[1]. Je tiens à préciser que les auteurs de cette manœuvre ont envoyé la télécopie depuis un hôtel bon marché d'Aix-en-Provence, maquillant le numéro de mon fax qui était d'ailleurs en panne depuis quelques semaines.

1. Voir également le chapitre 3 de Philippe Toccanier, p. 85.

En tout état de cause, ils profitent de la mise en place depuis seulement quelques mois de la nouvelle procédure issue de la loi du 15 juin 2000, dite « loi sur la présomption d'innocence ». Ce texte impose pour la première fois dans notre pays l'intervention d'un juge des libertés et de la détention – le « JLD » – en lieu et place du juge d'instruction, qui perd de fait la faculté de placer les mis en examen en détention.

Certains flottements se font ressentir dans la mise en place du nouveau dispositif, mais cela n'explique pas tout. Je crois me souvenir que le trio est libéré sans qu'aucun des mis en cause ne prenne le temps de récupérer son pécule au greffe de la maison d'arrêt !

Je note également que, peu de temps avant cette évasion, je commence à avancer dans le dossier de Sartène. Or cette évasion intervient opportunément le week-end précédant une confrontation générale qui m'aurait peut-être permis d'élucider certaines zones d'ombre, tout en plaçant les protagonistes face à de nombreuses contradictions…

Cette évasion s'inscrit enfin dans une série de rebondissements intervenus dans le dossier. Des épisodes, disons-le, troublants. D'abord, la rétractation du principal plaignant, le restaurateur qui affirmait avoir été racketté. Se rendant compte que les suspects sont des membres de la Brise de mer, il ne reconnaît plus les deux clients censés l'avoir menacé. Ceux-là mêmes qu'il avait pourtant clairement identifiés ! Le « racketté » se fend même d'un communiqué dans *Corse-Matin* pour dédouaner les suspects. Le restaurateur quitte

Sartène. Il ne reviendra sur place que pour la mise en vente de son commerce.

Plus surprenant encore, l'un des gendarmes qui procède aux interpellations se rétracte à son tour dans ses déclarations. Il me fait comprendre par son attitude soudainement fermée qu'il ne parlera pas, malgré mon insistance. Il craint visiblement pour sa sécurité, ce qui peut se comprendre vu la personnalité des individus impliqués.

L'évasion par fax donne lieu à une enquête pénale confiée à trois juges de Bastia – qui m'entendent sur procès-verbal –, mais également aux investigations de l'Inspection des services judiciaires qui relève une première anomalie. Il est d'usage que les services de la prison appellent directement le palais pour vérifier que l'ordre de libération est le bon. Or, ce jour-là, personne ne se saisit du téléphone pour effectuer ce contrôle !

Autre mystère : le document est remarquablement falsifié. L'en-tête est conforme au modèle officiel, le nom du juge des libertés est exact, l'imitation de sa signature finit de donner une apparence de régularité à ce faux ordre de remise en liberté. Il est troublant que cette sortie de prison « expresse » intervienne alors qu'un acte officiel annonçant la prochaine extraction des « évadés » en vue d'une confrontation est lancé. Personne ne s'en est étonné du côté de la maison d'arrêt…

Peut-on évoquer des complicités destinées à protéger des membres influents de la Brise de mer pour des motifs inavouables ? Il ne s'agit pas là d'un cas isolé. Une affaire de corruption à la maison d'arrêt de Borgo a plus récemment défrayé la chronique. Une surveillante a été mise en examen et incarcérée sur le continent pour avoir introduit des dizaines de téléphones portables destinés aux détenus.

Une succession d'anomalies

Je constate ces derniers temps que les anomalies dans la procédure se multiplient, comme la modification inexplicable d'un procès-verbal d'identification. Pire, en rentrant dans mon bureau un matin je me rends compte qu'une importante partie du dossier a disparu ! Selon moi, il est peu probable qu'un avocat venu le consulter l'ait dérobé, car le greffier veille toujours à le récupérer. Alors qu'est devenu ce satané dossier ?

Ma première réaction est de foncer chez le procureur Jacques Dallest[1] pour l'en informer. Nous décidons qu'il convient en priorité de chercher ce dossier, avant de mentionner sa disparition. Mais nos recherches seront vaines. Il faut se rendre à l'évidence, le dossier a bien été volé. Je tire donc les conséquences procédurales et dresse un procès-verbal que je verse en procédure.

Évidemment, de façon très prévisible, une requête en nullité actant de la disparition est déposée par les avocats… La cour d'appel valide néanmoins la régularité des actes, car nous possédons une copie certifiée conforme impeccablement tenue par les greffiers.

J'en profite ici pour revenir sur la personnalité du principal membre de la Brise de mer, Francis Mariani.

1. Voir le chapitre suivant de Jacques Dallest, p. 137.

Lors des interrogatoires, Mariani nous regarde à peine. C'est un homme nerveux qui se contient en permanence. Il s'exprime avec des phrases stéréotypées, de façon à en dire le moins possible. Au-delà de sa nature glaçante, il cherche sans cesse à passer en force, à imposer son discours à l'autre.

Il dit « nous » pour marquer son appartenance à un groupe qu'il ne nomme jamais, en l'occurrence la Brise de mer. Alors, un peu provocateur, je lui rétorque : « Nous, c'est qui ? » Il répond par une dérobade. En fait, je n'ai alors aucune idée précise de ce qu'est cette mystérieuse organisation, ses membres refusant bien évidemment de me donner une quelconque information à son sujet.

Francis Mariani est plutôt arrogant. Les interrogatoires sont désagréables à mener, parfois surréalistes : il m'explique qu'il est sorti de prison en 1991 et qu'il poursuit depuis une paisible activité d'éleveur. Il se prétend « rangé des voitures ». Je m'étonne alors de son train de vie qui ne correspond pas exactement à celui d'un modeste agriculteur. Passionné de rallye, il roule en Subaru, une berline de compétition plutôt onéreuse.

Je l'interroge aussi sur son rôle dans l'affaire de Sartène. Mariani me prend franchement pour un imbécile en m'expliquant qu'il se trouvait sur place, ce 4 juillet 2000, avec un ami, en vacances. Nos informations, issues de diverses procédures que nous recoupons, nous permettent de penser que ces gens-là sont en réalité présents à Sartène pour une rencontre au sommet en vue de préparer un gros coup, vraisemblablement un assassinat.

Parmi les cibles, les enquêteurs et les magistrats se sont demandé si cette réunion n'était pas un acte préparatoire à l'assassinat de François Santoni. Parmi les suspects, Alain Robin[1] est un nationaliste dont le nom apparaît régulièrement dans nos dossiers. Sévissant sur la zone de Porto-Vecchio, il s'est opposé à Santoni dans un jeu malsain de domination de territoire, un conflit politico-mafieux. De toute évidence, Robin entretient des liens étroits avec le Milieu du Sud-Est et de la Corse.

François Santoni[2] est un personnage important du nationalisme... et du banditisme. Mais nous n'en saurons guère plus. Robin, interpellé après une longue cavale, se voit remis en liberté, puis à son tour exécuté. Quant à Alexandre Chevrière, homme déjà soupçonné dans l'affaire du casse de l'UBS de Genève, aurait-il eu dans le cadre de l'affaire de Sartène une fonction de «juge de paix»? Ce fut mon hypothèse. Chevrière est abattu en 2004 à Mimet (Bouches-du-Rhône), seule-

1. Robin aurait participé à l'assassinat aux côtés d'Ange-Marie Orsoni, un cousin d'Alain Orsoni. Il est aussi un proche du milieu varois. Son nom est cité dans plusieurs dossiers criminels.

2. Après avoir rejoint en 1978 les rangs du FLNC, il devient en 1982 le responsable militaire du secteur de Gravone. Mandaté en 1992 pour entamer des pourparlers avec l'État, Santoni, surnommé l'Iguane, est l'un des interlocuteurs privilégiés de Charles Pasqua, ministre de l'Intérieur du gouvernement Balladur. Il devient par la suite secrétaire général de la Cuncolta Naziunalista. Au moment de son assassinat, François Santoni est en conflit ouvert avec le FLNC du nord de l'île et son principal rival, Charles Pieri. En novembre 1998, Santoni se constitue prisonnier dans l'affaire de racket du golf de Sperone après l'arrestation de sa compagne, l'avocate Marie-Hélène Mattei, qui deviendra par la suite celle de Charles Pieri.

ment trois jours après avoir bénéficié d'une relaxe dans l'affaire de l'UBS.

Cette affaire de Sartène qui débouche sur un procès pour association de malfaiteurs se termine sur un goût amer. Encore un mystère corse irrésolu…

La mafia à Cavallo

Une autre affaire renforce nos connaissances sur l'emprise mafieuse qui touche la Corse. Il s'agit du dossier impliquant Pierre-Luigi Vignuzzi et ses activités sur l'île de Cavallo. Cet îlot, situé au large de Bonifacio, est devenu dans les années 1990-2000 une sorte de zone de non-droit. Plusieurs villas de luxe y sont édifiées sans permis de construire. L'instigateur de cette prise de possession illégale est un Sicilien, Lillo Lauricella, qui blanchit sur place des capitaux de la mafia italienne provenant de divers trafics. Mais, coup de théâtre, Lauricella s'enfuit en Amérique du Sud en emportant l'argent de la mafia. Erreur forcément fatale. Il est abattu à Caracas, au Venezuela, le 31 octobre 2002. Il vivait dans ce pays sous une identité d'emprunt, s'étant fait refaire le visage par un chirurgien esthétique. Mais c'est rarement suffisant pour échapper à la Pieuvre.

À Cavallo, Vignuzzi prend la suite de Lauricella. Le successeur est lié par mariage à une très grosse famille d'entrepreneurs en Italie. Vignuzzi représente lui aussi les intérêts de Cosa Nostra et de la Magliana romaine.

Les mafieux sont désormais en conflit ouvert avec François Santoni. La mafia italienne blanchit l'argent sale dans la construction de ces villas de luxe, mais Santoni les rackette. Un soir, les locaux d'une société de construction qui possède des chantiers sur l'île de Cavallo volent en éclats. La société, installée à Sperone, vient d'être la cible d'un attentat. L'affaire est complexe : des écoutes compromettantes laissent entendre qu'en réalité Vignuzzi en personne serait derrière cet attentat, destiné à brouiller les cartes et à égarer la justice.

La juge d'instruction Danielle Salducci est saisie de cette nouvelle affaire. Une enquête de terrain très minutieuse et à haut risque débute. Vignuzzi est repéré à Nice. Son arrestation fut rocambolesque. La suite l'est tout autant. Ne supportant pas d'être incarcéré, il s'est d'abord montré très menaçant avec le magistrat instructeur lors des interrogatoires. Le fugitif multiplie les demandes de remise en liberté, que Danielle Salducci lui refuse. Quelques mois plus tard, contre toute attente, avant une série de confrontations importantes avec des témoins et la victime – et alors que l'Italien ne fournit aucune garantie de représentation en justice –, Vignuzzi est remis en liberté par la chambre d'accusation[1] ! Un coup très dur est porté ce jour-là à l'enquête. Autant dire que l'on peut pratiquement refermer le dossier.

Mais je poursuis pourtant l'affaire lors de ma prise de fonction en 1999. Je me rends à Rome, sans beaucoup d'illusions, pour tenter d'établir des liens avec une procédure ouverte là-bas et boucler les derniers actes du dossier.

1. Devenue depuis chambre de l'instruction.

Le directeur d'enquête est du voyage, ainsi qu'une interprète en italien, en qui j'ai toute confiance. C'est une garantie pour obtenir une traduction fidèle et rapide des propos recueillis auprès de témoins pas comme les autres, tel Vignuzzi. Et là, surprise, le magistrat antimafia nous fait comprendre que nous n'arriverons à rien dans ce dossier, car Vignuzzi vient de passer un accord avec la police italienne dans une autre affaire. Il est clair désormais que nous n'aurons aucune chance d'obtenir une audition utile, encore moins une extradition en vue du jugement pour l'affaire de Cavallo.

Malgré tout, par l'intermédiaire du juge antimafia et en ma présence, nous procédons aux auditions des divers témoins et de Vignuzzi. Nous nous rendons compte, grâce au subtil décryptage de ce collègue romain, que ceux qui apparaissaient initialement comme des personnages secondaires sont en fait des pièces maîtresses du dossier. Ils défilent un à un. On perçoit aisément qu'ils récitent une partition apprise par cœur; en bref, que cette affaire ne les inquiète pas le moins du monde. Nous sommes alors partagés entre le dépit et une forme d'amusement.

Entre terrorisme, nationalisme et banditisme

Comme tous les magistrats en poste en Corse, j'entretiens des liens assez étroits avec les juges antiterroristes parisiens, notamment Jean-Louis Bruguière et Gilbert Thiel. Les connexions de Santoni avec le terrorisme nationaliste justifient ces échanges. De mon côté, je me dois de ne pas négliger non plus les liens de ce même François Santoni avec le banditisme, puisque son nom apparaît dans le dossier Vignuzzi.

Le volet terroriste de ces affaires complique parfois la poursuite des dossiers d'instruction. Par un étrange va-et-vient, il arrive même que nous soyons dessaisis au profit du pôle antiterroriste, puis saisis de nouveau quelques mois plus tard s'il s'avère que l'affaire ne relève que du droit commun. Ces allées et venues procédurales démontrent qu'il n'existe pas de frontière nette entre grand banditisme, nationalisme et terrorisme.

Pour reprendre l'exemple de Cavallo, personne ne croit un seul instant que l'argent racketté est destiné à une vraie cause politique. De fait, le dossier relève autant de la compétence terroriste que de la juridiction de droit commun.

Un autre événement important de cette période est l'assassinat en 2000 d'un proche de François Santoni, Jean-Michel Rossi, «rafalé» à l'arme lourde à L'Île-Rousse. À la suite de la mort de Rossi, Santoni était manifestement en sursis. L'époque est marquée par un partage de territoire clair entre les mafieux du nord et du sud de l'île.

C'est surtout une époque marquée au fer rouge dans la mémoire collective par un événement majeur, l'assassinat de Claude Érignac.

Ce 6 février 1998, vers vingt-deux heures, je rentre de Porticcio, une commune située à l'extrémité du golfe d'Ajaccio où je viens de répéter, comme chaque semaine, avec un groupe de jazz. En passant en voiture à proximité de la rue Colonel-d'Ornano, j'entends des sirènes, puis j'entrevois des véhicules de police et la lumière éblouissante de plusieurs gyrophares. De toute évidence, c'est une scène de crime. Le quartier est entièrement bouclé, le trafic bloqué, j'allume l'autoradio, je saisis tout de suite l'ampleur du drame. J'appelle mon épouse, qui est au courant, elle a allumé la télévision. Nous ne réalisons pas encore l'ampleur de la tragédie humaine, des répercussions pour la Corse.

Nous sommes tous en état de choc en apprenant la mort du préfet. J'ai le souvenir, au réveil le lendemain, d'être terriblement « sonné ». Nous avons passé une bonne partie de la nuit à regarder les infos en boucle. J'ai encore en mémoire la vision irréelle d'un véhicule blindé de la gendarmerie positionné au bout du cours Napoléon, près de la plage. Des frissons me parcourent en repensant aux milliers de personnes qui sont descendues dans la rue crier « *Basta* », pour signifier leur refus de la violence. Ce jour-là, parmi le cortège, magistrats et avocats sont tous unis dans le recueillement. La population est massivement venue clamer son exaspération et son écœurement face à la brutalité. Ce sursaut populaire, si spontané et si massif, marquera-t-il la fin de la violence en Corse ? Nous l'espérons.

C'est dans ce contexte tragique qu'est nommé le préfet Bonnet. A priori, Bernard Bonnet est l'homme de la situation. Nous pensons tous qu'il a les moyens d'accomplir sa mission de rétablissement de l'État de droit en Corse. Ancien inspecteur des impôts passé au ministère de l'Intérieur, Bernard Bonnet connaît bien la Corse, où il occupe le poste de préfet adjoint à la sécurité entre 1991 et 1992. Le ministre de l'Intérieur Jean-Pierre Chevènement ne l'a pas choisi par hasard. Dès le 9 février 1998, Bonnet a tous les pouvoirs, soit trois jours seulement après l'assassinat du préfet Érignac.

Bernard Bonnet traite directement avec le ministre de l'Intérieur et le cabinet du Premier ministre, Lionel Jospin. Il suit de près des dossiers que nous instruisons au tribunal d'Ajaccio, notamment celui de la filière porcine qui met en scène une figure historique du nationalisme : Marcel Lorenzoni[1], qui a notamment participé à la prise d'otages de la cave d'Aléria en 1975 lors de laquelle deux gendarmes ont été tués. Le nationaliste est désormais au cœur d'une affaire de détournement de subventions après avoir tenté de relancer la filière porcine. Cet ancien parachutiste, reconverti en éleveur, incarne la tendance dure de la Cuncolta et de son bras armé le FLNC dit canal historique.

Il est interpellé dans l'affaire Érignac avant d'être mis hors de cause. Il est désigné au début de l'enquête au travers du communiqué de revendication du mystérieux groupe Sampieru. Ce que l'on baptisera par la suite « la piste agricole » fit long feu.

L'État à la dérive

Mais on n'en est pas encore là. Bernard Bonnet veut en savoir davantage sur le dossier Lorenzoni. Il envoie en éclaireur son ancien collaborateur de la préfecture

1. Voir le chapitre 5 de Jacques Dallest, p. 157.

des Pyrénées-Orientales, le lieutenant-colonel Cavallier. Je me remémore cette ambiance générale particulièrement tendue, notamment à la suite de l'intervention d'un leader nationaliste devant l'assemblée de Corse, devenue une scène culte. Paul Quastana interpelle le préfet Bonnet : «Quand partez-vous, monsieur le préfet ?» Bonnet lui assène : «Je partirai quand vos amis cesseront le racket, je partirai quand vos amis cesseront d'assassiner dans les fêtes de village, je partirai quand vos amis cesseront de déposer des explosifs !» On ne peut que saluer ce sens de la repartie. C'est à n'en pas douter une belle démonstration de courage.

Mais voilà, le rétablissement de l'État de droit patine. Le préfet met désormais constamment la pression sur le GPS et sur le grand patron des gendarmes de Corse, le colonel Henri Mazères.

Avant cette période, le préfet Bonnet donne l'impression qu'il est en mesure de remettre de l'ordre. Il rassure. Mais, au fil des mois, le préfet perd du terrain. La Corse est confrontée à une résurgence du nationalisme, confortée par des thèses complotistes sans aucun fondement, qui instillent l'idée selon laquelle certains services de l'État sont à l'origine d'une manipulation ayant conduit à l'assassinat de Claude Érignac ! On commence à nager en plein irrationnel.

Selon un scénario tout aussi absurde, Bernard Bonnet se crispe, obsédé par l'idée de démanteler les paillotes implantées illégalement sur le littoral. Il jette son dévolu sur le restaurant de plage «Chez Francis», dont il veut obtenir la destruction. Il a déjà envisagé ce scénario fou concernant une autre paillote, le 9 avril 1999, à «La Plage d'argent». Ce jour-là l'intervention de l'ancien ministre François Léotard et du président de l'assemblée de Corse, José Rossi, empêche la destruction des constructions au bulldozer. Le préfet est obligé de renoncer... ce qui le contrarie au plus haut point.

Bonnet imagine donc de créer un climat de tension et de confusion en ordonnant cette expédition nocturne, quelques jours plus tard, à la paillote «Chez Francis». Des gendarmes du GPS se chargent de la mise à exécution. Au même moment, des tracts comportant la phrase «Féraud, balance des flics» sont dispersés à proximité.

Le matin du 26 avril 1999, mon collègue Philippe Toccanier[1], substitut du procureur, m'annonce que des gendarmes seront déférés pour une mise en examen à quatorze heures, avec probablement des réquisitions de placement en détention.

Philippe Toccanier m'explique qu'il s'agit de l'incendie criminel de la paillote «Chez Francis», située à la Cala d'Orzu, au sud d'Ajaccio. À la suite de cet incendie survenu dans la nuit du 19 au 20 avril 1999, me confie-t-il, les gendarmes de la brigade de Pietrosella ont extrait du sable de la plage Mar e Sol un talkie-walkie avec une cagoule. L'appareil appartient au GPS. Il est en outre calé sur la fréquence de travail de cette unité. Sans convaincre, un officier et un sous-officier expliquent durant leur audition avoir été victimes d'un traquenard près de la paillote. Leurs déclarations ne collent pas. Les propos du colonel Henri Mazères, commandant la légion de gendarmerie de Corse, sont

1. Voir le chapitre 3 de Philippe Toccanier, p. 77.

tout aussi embrouillés lorsqu'il vient rendre compte de cet incident au procureur général Bernard Legras, à Bastia.

Une affaire d'État

Je prends conscience de la gravité de l'affaire. Un déjeuner est prévu ce jour-là à la maison. Mon épouse vient me chercher en voiture. Nous montons la route escarpée du Salario. Taiseux – car préoccupé –, je finis par lui lâcher que j'ai un dossier très sensible sur les bras. Elle tente alors de dédramatiser les choses. « Il ne s'agit tout de même pas d'une affaire d'État », me dit-elle. Et moi de lui répondre : « En fait, je crois que si... Ramène-moi au bureau tout de suite ! » Nous faisons demi-tour. Je dois impérativement retourner au tribunal pour étudier sans attendre les premiers éléments du dossier dans les moindres détails.

Dès le début, l'instruction s'annonce délicate. Je suis face à des gendarmes très fuyants dans leurs déclarations. Et, ce 26 avril 1999, j'ai la lourde tâche d'ordonner leur incarcération provisoire. Les suspects réclament un délai pour préparer leur défense.

À ce stade de l'enquête, il n'est nullement question de la possible implication de Bernard Bonnet, mais la presse s'en charge. L'étau commence à se refermer sur le préfet de Corse. L'entrée en scène des médias s'avère décisive. Par la suite, Bernard Bonnet se transformera en une sorte d'acteur jouant à merveille avec les caméras, feignant de tout ignorer de cet incendie criminel.

Me voilà dos au mur, condamné à réussir ou périr. Alors je choisis une stratégie très simple. De ma propre initiative, je joue la carte de la sécurité qu'offre le travail en équipe. Le président du tribunal est sollicité afin de saisir deux autres juges d'instruction, Jean Guary, récemment nommé pour traiter les affaires économiques et financières complexes, et Christophe Latil, qui a déjà une expérience des affaires judiciaires corses.

De nos jours, le travail à trois juges d'instruction dans les dossiers complexes est devenu une pratique courante. À l'époque, la cosaisine était réservée aux dossiers de terrorisme ou aux affaires économiques et financières de grande envergure, ce qui n'est pas le cas en l'espèce.

À chacun son rôle : Christophe Latil s'occupe plus spécifiquement du volet personnalité des mis en examen; Jean Guary, lui, des nombreuses et complexes expertises. Tous deux m'appuient lors des temps forts de la procédure, les interrogatoires, les confrontations. Sans ce travail d'équipe, je ne serais certainement pas parvenu à boucler une telle affaire dans un délai aussi court.

Perquisition à la préfecture

Rapidement, les preuves s'accumulent. Le 3 mai 1999, nous sommes convaincus avec le parquet de la nécessité de placer le préfet Bonnet en garde à vue à la préfecture. Une perquisition est ordonnée sur-le-champ. La confrontation, au cours de l'après-midi, entre le lieutenant-colonel Bertrand Cavallier et le capitaine Norbert Ambrosse en sera le déclencheur. Le chef du commando accepte enfin de dire la vérité et reconnaît avoir mis le feu à la paillote.

Il est presque vingt et une heures. Nous débarquons à la préfecture. Je présente ma carte, mais le vigile tente de retarder notre entrée dans les lieux. Une discussion s'engage, je le mets en garde contre toute obstruction à l'enquête ; sont présents le procureur, Jacques Dallest[1], ses substituts Philippe Toccanier et Christophe Perruaux, Jean Guary et Christophe Latil, ainsi que nos greffiers Michèle Maguer et Pascal Cernick. Nous gravissons les marches de l'escalier de la préfecture qui mène aux appartements du préfet de région. Je marche lentement devant le cortège de magistrats, suivi de près par le commandant de la Section de recherches, Michel Gotab. Dans la pénombre, je distingue du coin de l'œil le stagiaire de l'École nationale d'administration (ENA) et le secrétaire général de la préfecture. Nous n'échangeons aucune parole. L'heure est grave.

Je frappe à la porte vitrée, retiens mon souffle et le préfet apparaît devant moi très rapidement, j'en suis étonné. Pendant toute cette montée des marches, je réfléchis à choisir les mots les plus sobres pour me présenter et informer le préfet de son placement en garde à vue. Ce moment compte parmi les plus intenses de ma carrière. Compte tenu du nombre de bureaux à perquisitionner et de la masse de documents à saisir, seul le travail d'équipe peut nous permettre de venir à bout de cet

1. Voir le chapitre 5 de Jacques Dallest, p. 137.

acte clef de la procédure. Nous procédons immédiatement aux perquisitions car l'heure tourne. Il faut agir impérativement avant vingt et une heures, régularité de la procédure oblige.

Chacun des juges d'instruction se voit attribuer une pièce. Je me charge du bureau du préfet et de ses appartements. Mes collègues, du bureau du directeur de cabinet, Gérard Pardini. Au départ, Bernard Bonnet est très courtois, plutôt calme. À première vue, j'ai un regard bienveillant sur l'homme. Mais au bout d'un moment le ton change, je le sens plus nerveux, peut-être plus inquiet.

Je conserve une distance prudente car, en cours de perquisition, il me remet un papier sur lequel il y aurait, selon lui, un élément important pour mon enquête. Cherche-t-il à m'influencer ? C'est le numéro d'immatriculation d'un véhicule. Je me dis que s'il s'agit d'un élément si important, il est pour le moins étrange qu'il ne me l'ait pas signalé avant, alors que l'affaire défraye la chronique depuis plusieurs jours !

Ce papier que me tend Bonnet est acté en procédure, il porte le numéro de la plaque minéralogique d'un véhicule qui servait à la police d'Ajaccio et qui aurait été vu à proximité de la paillote « Chez Francis », comme s'il le surveillait. J'ai recherché durant l'instruction à déterminer si cela était exact et si l'on pouvait en déduire une implication de la police dans cette surveillance, voire dans l'incendie de la paillote, mais aucun lien n'a pu être établi. Il s'agissait plus vraisemblablement d'une fausse piste destinée à accréditer les liens qu'Yves Féraud pouvait avoir avec la police. Cela serait venu renforcer le message des pseudo-tracts jetés sur la plage sur lesquels était inscrit, on s'en souvient, « Féraud, balance des flics ».

La garde à vue se déroule dans les locaux de la Section de recherches d'Ajaccio. Bernard Bonnet commence par nier toute implication dans cette affaire, puis il se lance dans une déclaration qui frise les aveux, sans toutefois aller au bout de sa démarche. Dans une autre pièce, les gendarmes recueillent les aveux écrits et très circonstanciés de Gérard Pardini, son directeur de cabinet. La suite de l'enquête, notamment la fameuse cassette audio enregistrée par le lieutenant-colonel Cavallier[1], étaye les déclarations de Pardini.

Vient le moment de la présentation du suspect Bonnet à mon cabinet. Se pose alors une question cruciale, celle de son placement éventuel en détention. Son avocat Georges Kiejman est présent à cet interrogatoire de première comparution où je signifie au préfet sa mise en examen. Puis il est temps d'évoquer la détention. Kiejman est très solennel : il m'explique qu'on ne peut pas mettre un préfet en détention, que je n'en mesure pas les multiples conséquences, etc. Ses propos n'influent nullement le cours des choses. Je m'efforce de demeurer concentré sur l'analyse des critères de la détention requise par le parquet.

Je me retrouve face à deux difficultés : les risques de pression que le préfet pourrait exercer sur les

1. Le lundi 26 avril 1999, Bonnet convoque Cavallier dans son bureau pour s'entretenir de la perquisition opérée la veille dans les locaux de la gendarmerie. Il ignore alors que l'officier enregistre à son insu leur conversation…

protagonistes de cette affaire avant les confrontations, mais aussi les menaces de disparition de preuves. On se souvient qu'un tract a été retrouvé sur la plage. J'ai absolument besoin d'en savoir plus : qui l'a confectionné et comment ? La forte image médiatique de Bonnet, ses contacts haut placés peuvent me gêner dans mon travail. Ainsi, s'il demeure en liberté, même sous un contrôle judiciaire strict, ne va-t-il pas polluer l'enquête ?

Bonnet en interrogatoire

Et, dès sa libération en juillet, Bonnet ne se fait pas prier pour profiter de ses nombreux relais dans les grands médias nationaux. Le seul moyen d'éviter un risque d'instrumentalisation est donc de l'incarcérer. Après deux heures de réflexion, je prends donc la lourde décision de placer un préfet de la République en détention provisoire.

Vient par la suite un autre moment crucial, son premier interrogatoire sur le fond de l'affaire. L'interrogatoire se déroule au tribunal de grande instance de Paris afin de préserver sa sécurité et d'éviter toute atteinte à l'ordre public s'il avait dû retourner en Corse. Très vite, Bernard Bonnet contre-attaque. Il cherche à prendre en main l'audition qui débute par un long monologue. Le préfet parle avec assurance et solennité, puis il lit une déclaration à voix haute. Bernard Bonnet ne nous regarde jamais dans les yeux. Mes deux collègues Guary et Latil sont à mes côtés.

À un certain moment, je décide que ce petit jeu est terminé. Je l'interromps, commence à poser mes questions, et lui demande ce qu'il peut me dire sur tel ou tel point précis. Alors Bernard Bonnet commence à louvoyer. Il répond par des syllogismes. Nous sommes manifestement face à une personne enfermée dans une position rigide qui fuit les évidences par des démonstrations peu convaincantes.

Les événements se compliquent au fil des mois pour l'ancien préfet, qui tente d'ouvrir un contre-feu par des déclarations fracassantes à *L'Express* et s'enferre dans une défense intenable. Le fait qu'il change d'avocat à plusieurs reprises est un signe. Georges Kiejman, puis Francis Szpiner, ou encore Jacques Vergès, ainsi que deux autres moins connus… Mais il s'est aussi attaché les services, peut-être pour me déstabiliser, d'un ami avocat ajaccien.

Mon analyse aujourd'hui est la suivante : Bernard Bonnet s'est laissé embarquer. Sa posture incompréhensible a pris le pas sur la raison. Après les auditions des conseillers de Lionel Jospin et de son directeur de cabinet, puis des directeurs de cabinet des ministres de l'Intérieur, de la Défense et enfin l'audition du directeur des RG, je n'ai recueilli aucun élément permettant de soupçonner que quelqu'un ait pu donner l'ordre au préfet d'agir en dehors de toute légalité.

L'instruction se termine à l'issue d'une année entière de travail acharné. Je tiens à souligner que je ne suis, et je n'ai jamais été, l'objet d'aucune forme de pression, quelle qu'elle soit, même si cela peut sembler étonnant. Rétrospectivement, je réalise que j'ai appris le métier de juge d'instruction « sur le tas », sans grande expérience, mais avec le soutien et le sang-froid précieux de mes collègues et de mes proches.

Le dossier est bouclé à mon niveau. Je passe la main au tribunal correctionnel qui juge cette affaire. C'est le nouveau président du TGI d'Ajaccio, Dominique Ferrière, qui préside ce dossier très médiatisé, le procureur Patrick Mathé représentant le ministère public. Le président Ferrière entend comme témoin l'ancien ministre de l'Intérieur, Jean-Pierre Chevènement. Mais ce nouveau temps fort de l'affaire déçoit. Les choses sont plus simples que certains ne l'ont laissé penser. Le préfet est bien à l'origine de cette regrettable histoire.

Bien plus tard, le 12 octobre 2004, Bernard Bonnet déclarera au journal *Le Monde*, à la veille de l'examen de son pourvoi en cassation, avoir donné aux gendarmes ayant incendié la paillote « un ordre implicite, non formalisé ».

Mes dossiers maudits

Si je suis parvenu à mener à bien l'affaire des paillotes, j'éprouve en revanche un sentiment d'échec dans d'autres dossiers, ceux que j'appelle les « dossiers maudits », qui dorment depuis des années dans les tiroirs du palais. Je pense en particulier aux assassinats du président de la chambre d'agriculture Lucien Tirroloni, le 31 décembre 1990, et du maire de Grosseto-Prugna, Charles Grossetti.

Charles Grossetti est abattu par le passager d'une moto en septembre 1990. Trois mois plus tard, c'est au tour de Lucien Tirroloni, un allié de longue date du maire de Grossetto, de tomber sous les balles des tueurs dans une rue d'Ajaccio. Les deux hommes s'opposent à des projets immobiliers menés par le clan du parrain de Corse-du-Sud, Jean-Jé Colonna, avec notamment la création d'un casino.

Dans ces dossiers, nous n'avions ni preuve concluante ni témoignages suffisamment précis. L'omerta est terrible. Certes nous disposons d'informations et de pistes, mais on ne peut régler des dossiers sur des soupçons et des rumeurs. On se perd en conjectures : s'agit-il de règlements de comptes liés à la mafia ou à des rivalités nationalistes ? Voire un peu des deux, comme souvent ?

Mon collègue Jean-Michel Gentil enquête par la suite sur des affaires touchant des proches de Jean-Jé Colonna et de Marie-Jeanne et Antoine Bozzi. Le couple est mis en cause dans une affaire de proxénétisme, accusé de faire travailler des « hôtesses » dans des bars appartenant à la famille. Quant à « Jean-Jé », il trouve la mort dans un accident de la route le 1er novembre 2006.

Je me retrouve alors avec des éléments de preuves qui débordent largement de mon enquête dans un autre dossier d'abus de confiance, dont le mis en cause est un agent d'assurances, une affaire anodine en apparence. Direction Monaco pour récupérer auprès du juge local, Jean-Christophe Hullin, des éléments qui, à ma grande surprise, se révèlent utiles dans le cadre d'investigations menées dans une autre affaire, celle du casino d'Annemasse[1].

De mon côté, j'ignore tout des dessous de ce dossier. Je m'emploie à remonter les mouvements de fonds de ce simple agent d'assurances grâce au fichier FICOBA[2] et à évaluer le montant des détournements. En les étudiant de près, des noms connus apparaissent. Ils font le lien avec des comptes courants ouverts dans une banque du Rocher, aux noms de Marie-Jeanne Bozzi et de Michel Tomi, pilier de la Corsafrique aux côtés de son ami Robert Feliciaggi, le maire de Pila Canale, abattu en 2006[3].

Sur l'analyse des phénomènes mafieux, je dois reconnaître qu'à l'époque je n'ai que des bribes d'informations, mais j'apprends vite, c'est essentiel. Certes on commence à me livrer des noms, mais je n'ai pas de ligne claire sur laquelle m'appuyer; se posent alors des questions sur l'efficacité de la coordination entre services de justice et de police, davantage que sur l'existence d'un système mafieux.

1. D'importants mouvements de fonds suspects consécutifs à la revente du casino, supposé être sous la haute main de Charles Pasqua, ont amené l'ouverture d'informations judiciaires en France et à Monaco. En mars 2013, le tribunal de Monaco condamne Michel Tomi à dix-huit mois de prison avec sursis et 500 000 euros d'amende, peine confirmée en appel en 2014. La justice monégasque accuse les protagonistes de cette affaire d'avoir blanchi 100 millions de francs provenant de la vente du casino sur des comptes monégasques. 7,5 millions de francs sont retirés pour financer la campagne de Charles Pasqua aux européennes de 1999. L'ancien ministre est condamné en France en 2008 à dix-huit mois de prison avec sursis pour financement illégal de campagne électorale, peine confirmée en appel la même année.

2. Fichier national des comptes bancaires et assimilés.

3. Voir le chapitre 3 de Philippe Toccanier, p. 98.

Des juges sous pression

Durant cette période, certaines décisions d'acquittement sont prononcées par la cour d'assises, alors que les charges sont lourdes. Je surprends un jour un conciliabule entre deux jurés au moment du délibéré. L'un tente clairement de corrompre l'autre. Le corrupteur sera poursuivi et condamné. Mais combien d'autres nous ont échappé ?

Les assises sont l'occasion pour certains avocats de se montrer très virulents, ou de tenter d'impressionner les jurés par des artifices de procédure. Antoine Sollacaro, qui sera assassiné en 2012, cite régulièrement *Voyage au bout de la nuit*[1] de Céline dans ses plaidoiries. C'est *la* figure du barreau d'Ajaccio, il utilise son charisme, sa connaissance approfondie de la Corse et de son histoire. Il en impose. Mais qui était-il vraiment ?

Au pénal, les juges et les parquetiers sont également sans cesse sous pression. Je me souviens que, lors d'un jugement de syndicalistes – proches d'un mouvement nationaliste – qui ont détruit un bureau de vote et des urnes, nous sommes l'objet de menaces de mort et d'insultes au moment de rendre notre délibéré. Le climat est pesant.

Ce jour-là la police nous raccompagne à notre domicile à l'issue de l'audience. Mon épouse et moi-même

1. 1932 ; Folio, 1972.

ne réaliserons vraiment le réel impact de ces affaires qu'en quittant la Corse pour une autre île, La Réunion.

Au final, j'ai le sentiment d'avoir été le témoin d'une époque charnière, marquée avant tout par l'assassinat de Claude Érignac. Puissions-nous un jour y voir plus clair dans les relations étroites qu'entretiennent avec le grand banditisme certains individus se réclamant du nationalisme.

Des questions demeurent : que va devenir la justice dans la Corse telle qu'elle se dessine actuellement ? Quels rapports ses nouveaux dirigeants nationalistes vont-ils instaurer avec les magistrats, alors que certains d'entre eux nous accusaient, il n'y a pas si longtemps, de pratiquer une « justice coloniale » ?

L'enjeu est de taille car l'attachement des Corses à la justice est réel, ancien et sincère. Mais de quelle justice parle-t-on ? Au-delà du choix de ceux qui président à son avenir, elle ne pourra se concevoir qu'à l'écart des luttes intestines et autour d'un consensus permettant de renforcer durablement le lien social entre les Corses et l'État.

5

Jacques Dallest, le manager

Il connaît la Corse sur le bout des doigts. De 1996 à 2013, Jacques Dallest a été au cœur de l'histoire criminelle de l'île. Un parcours jalonné cependant par un long intermède à Bourg-en-Bresse et à Bordeaux.

Au début des années 1990, Dallest apprécie son rôle de juge d'instruction sur le continent. Mais le Savoyard recherche des sensations fortes. Justement, le poste de procureur d'Ajaccio est à haut risque. Et le chaleureux nouveau patron du parquet sait fédérer les équipes de magistrats quand souffle la tempête.

Des coups de *libecciù*, Jacques Dallest en essuie beaucoup, qu'il s'agisse de l'affaire Érignac ou du dossier Bonnet, une affaire d'État menée de main de maître par cet homme de dialogue.

L'intensité montera d'un cran avec sa nomination, en 2008, comme procureur de Marseille[1], qui l'amène à superviser le parquet de la redoutable et redoutée JIRS. Une nouvelle juridiction spécialisée dans le crime organisé... qui ne chôme pas sur la Corse.

1. Sur son expérience de magistrat, voir également son livre *Mes homicides*, Robert Laffont, 2015 ; Pocket, 2016.

« Se tenir éloigné des opérations barbouzardes »

Nous sommes en décembre 1996. J'ai 41 ans. Me voilà à Ajaccio après dix années passées à l'instruction sur le continent. J'éprouve, je ne sais trop pourquoi, le besoin de changer d'horizon. En poste au parquet de Roanne où j'ai eu plaisir à travailler, j'aspire à davantage d'animation. Et pourtant, un incendie criminel dévaste le palais de justice de cette ville tranquille de la Loire, peu avant mon départ ! Un avant-goût de l'aventure insulaire ? Je vais être servi.

Un attentat frappe en plein été la voiture de fonction de mon prédécesseur en Corse, le procureur d'Ajaccio, Jean-Jacques Bosc, sur le parking de son domicile, dans le quartier de Balestrino. D'entrée, le ton est donné. Je sais que je débarque en terrain hostile. Bosc me prévient : la vie judiciaire sur l'île de Beauté n'est pas un long fleuve tranquille.

Ma grand-mère paternelle est originaire de Rogliano, célèbre village perché dans le site magique du cap Corse. Je ne peux prétendre pour autant que je connaisse l'île. Un court séjour avec mes beaux-parents durant les vacances, la mer, le soleil, quelques bonnes odeurs du maquis, c'est à peu près tout. La Corse n'est jusque-là qu'un beau souvenir estival.

Prendre la direction de l'île de Beauté est un rendez-vous important dans la carrière des policiers. C'est moins le cas pour les magistrats, pourtant ce séjour me marquera à jamais.

Premier cadavre

Le contexte de mon arrivée est tendu. La grande guerre entre le MPA d'Alain Orsoni et la Cuncolta de François Santoni laisse des traces. Du sang et des larmes, avec des dizaines de victimes sur le bitume insulaire. La mascarade de Tralonca[1] marque aussi les esprits. Cette compromission, disons-le, entre l'État et les nationalistes est à l'origine de la constitution du groupe dit « des anonymes » de la zone de Sagone-Cargèse qui fomentera plus tard l'assassinat du préfet Érignac. Tralonca provoque un violent débat au sein du camp nationaliste, les purs et durs n'acceptent pas cette compromission avec l'État, se radicalisent et se placent en dissidence du FLNC.

S'ajoutent de nombreux attentats. Seul indicateur positif, une baisse significative des règlements de comptes, surtout dans la zone d'Ajaccio. Le Milieu est provisoirement « apaisé », même si l'on tue en Haute-Corse.

On distingue généralement la Corse-du-Sud, jugée plus affairiste, de celle du Nord, plus authentique. Cette vision ne reflète pas toujours la réalité. Dès le lendemain de ma prise de poste, je prends le pouls de la situation locale : un retraité assassiné à coups de fusil de

1. Voir le chapitre 1 de Roland Mahy, p. 44.

chasse à Propriano ! Une embuscade dans les règles de l'art. Je comprends clairement que bien des choses en Corse passent par la violence. Et les armes. Précisons que 80 % des homicides sont des assassinats, des meurtres avec préméditation, qui rendent par nature plus complexe l'élucidation des affaires. J'ai souvent l'occasion de le rappeler aux nombreux journalistes et observateurs divers qui viennent s'enquérir des spécificités insulaires.

L'initiation ne fait que débuter. J'assiste dès le lendemain à un contrôle routier à Ajaccio en face du casino. J'entends un cri : « Individu armé ! » Un type se balade avec un 9 mm chargé dans sa voiture. Rien que ça !

On peut naïvement penser que la Chancellerie m'a « briefé » avant ma prise de fonction. Ce n'est nullement le cas. Je me suis, de mon propre chef, informé sur la complexe organisation des nationalistes, mosaïque de tendances et de rivalités, une organisation pas forcément intelligible pour le novice. Une simple rencontre préalable avec Jean-Jacques Bosc précède mon arrivée.

Je m'inquiète très vite pour la sécurité de ma femme et de mes deux filles encore toutes jeunes. N'est-ce pas l'île de tous les dangers ? Je balaie les craintes et les peurs pour me plonger dans le grand bain insulaire. Un grand bain qui débute par la tournée des personnalités : président du conseil général et autres notables de l'île.

Le premier que l'on visite – c'est l'usage – est le préfet de région. Face à moi, Claude Érignac est un homme impressionnant, affichant beaucoup de charisme et d'aisance. Nous avons un point commun tous les deux : avoir exercé à Roanne (Loire). Lui comme sous-préfet, moi comme procureur de la République. Il y avait laissé un excellent souvenir. Je garde aussi l'image de quelqu'un d'assez froid, mais déterminé et loyal. Nous n'abordons pas de dossiers particuliers. Par la suite, nous vivrons ensemble un moment plus convivial. Une invitation avec son épouse pour une journée « portes ouvertes », organisée au palais de justice d'Ajaccio, brise la glace. Un bon souvenir.

Claude Érignac est très bien vu par la population. Il se déplace seul à vélo, ne sentant visiblement pas la menace. Le représentant de l'État en Corse ne souhaite pas de protection afin de mieux se fondre dans la population. Il se montre également très respectueux du judiciaire, attentif à entretenir de bonnes relations avec les magistrats.

Agir avec circonspection ?

La Caisse de développement de la Corse (CADEC) est un dossier particulièrement chaud. L'établissement est alors au bord de la faillite, dans l'incapacité de récupérer près de 1 milliard de francs de créances impayées.

Par ailleurs, un autre dossier très sensible porte sur l'extension du port de plaisance de Propriano qui a conduit à la mise en examen du maire RPR, Émile Mocchi. Le contrat est attribué en 1995 à Bouygues pour 41,8 millions de francs alors que les services de l'État évaluent ces mêmes travaux à 23 millions. Cherchez l'erreur… J'ouvre donc une information judiciaire pour favoritisme, prise illégale d'intérêts, escroquerie, complicité, usage et recel[1].

Mon relais est le procureur général (PG) à Bastia, Jean-Pierre Couturier. Le procureur général est le supérieur hiérarchique des procureurs de son ressort. Son rôle est notamment de veiller à l'application de la loi pénale dans le ressort de la cour d'appel. Il anime, dit la loi et coordonne l'action des procureurs de la République. On dénombre ainsi en Corse deux procureurs, à Ajaccio et à Bastia. Le procureur général est, lui, en contact étroit avec la Chancellerie. Il fait remonter les informations sur les affaires marquantes et redescendre localement les instructions générales du ministère de la Justice.

Jean-Pierre Couturier est un homme prudent. Un hyperprudent même, attentif à ce que l'action judiciaire ne soit pas trop vigoureuse. Difficile de s'entendre avec lui, car je suis plutôt adepte d'une justice active et ferme, celle que je juge nécessaire pour le bien de l'île. J'agis d'ailleurs librement, soucieux d'afficher aux yeux de tous l'action résolue du parquet de Corse-du-Sud. Loyalement, j'informe le procureur général à Bastia de mes démarches, appréciées, disons-le, de mes collègues du siège et du parquet. Ainsi, avec le président du tribunal, François Lemble, nous menons une

1. Émile Mocchi est condamné en 2003 par le tribunal d'Ajaccio à quinze mois de prison avec sursis, 15000 euros d'amende et deux ans de privation des droits civiques. Il écope plus tard d'une condamnation pour fraude fiscale confirmée par la cour d'appel de Bastia.

guerre implacable contre les porteurs d'armes à feu, un mal endémique en Corse.

C'est pourquoi je vois partir sans regret Jean-Pierre Couturier. Son successeur, Bernard Legras, tranche avec lui, auréolé d'une réputation de battant acquise à La Réunion.

Nous ne disposons pas encore de juridiction interrégionale spécialisée en matière de crime organisé (JIRS)[1]. Les dossiers de grand banditisme sont traités sur place, notamment par le pôle financier de Bastia qui a compétence sur toute l'île.

Or, les deux procureurs de la République d'Ajaccio et de Bastia dialoguent fort peu, signe d'une justice territorialisée, cloisonnée. Le judiciaire apparaît fragmenté, je le déplore. Je suggère alors d'obtenir le détachement d'officiers de police judiciaire (OPJ) au TGI. Ces OPJ sont destinés à faire le lien entre les différentes affaires. Seul le procureur général possède une vue panoramique sur les activités criminelles de l'île, ce qui lui confère un rôle éminent au sein de l'institution judiciaire corse.

Le 15 octobre 1997, soit moins de quatre mois avant l'assassinat du préfet, sort la fameuse note Bougrier qui évoque l'éventualité d'une action contre une haute personnalité de l'île. Pourtant rien ne bouge ! Ce document, rédigé par le préfet de police Gérard Bougrier, recommande aux services du ministère des Finances d'enquêter sur plusieurs personnes, organismes privés et publics de l'île liés au monde de l'agriculture. Le rapport fait

1. Les JIRS entrent en activité en octobre 2004.

suite à l'occupation par les syndicats agricoles nationalistes de l'Office du développement agricole et rural de la Corse (ODARC). Cette note confidentielle est la matrice de ce que l'on baptise la piste agricole, qui servira au départ de fil conducteur aux enquêteurs chargés d'élucider l'assassinat du préfet. Mais cette piste, à laquelle s'est longtemps accroché le patron de la DNAT, Roger Marion, ne prospère pas.

Durant cette année 1997 je gère le tout-venant des dossiers en cours. Quatre magistrats officient au parquet, dont Christophe Perruaux, puis Philippe Toccanier (débarqué début 1999). Deux jeunes collègues, courageux et pleins d'énergie, avec lesquels je forme une équipe formidable. Nous nous autogérons. Je ne reçois, je le rappelle, aucune instruction précise de la Chancellerie, ce qui peut paraître étonnant, mais cela me convient parfaitement. Encore une fois la prudence de Jean-Pierre Couturier interpelle.

En février 1996, le PG rédige une note hallucinante, demandant aux procureurs de faire preuve de « circonspection ». Officiellement, devant les médias, Couturier évoque la restauration de l'État de droit et en interne, en coulisses, il cherche au contraire à calmer le jeu.

Dans notre métier le paramètre humain est très important. Je ne partage pas du tout le point de vue de Couturier, estimant au contraire qu'il faut frapper fort, pousser les procédures. Il est clair pour moi que cette attitude volontariste répond aux attentes de la population. Une demande de justice dans une île confrontée à des atteintes permanentes à l'État de droit. Couturier ne partage pas cette optique. Il préfère temporiser, faire remonter l'info à Paris avant d'agir. Notons que nous sommes dans une époque particulière où le ministre donne régulièrement des instructions sur certains dossiers. La pratique, qui n'est pas propre à la Corse, autorisait l'envoi d'instructions individuelles. La loi Taubira du 25 juillet 2013 y a mis officiellement fin.

Globalement l'ambiance est pesante. Nous l'avons vu, nous sommes confrontés à de nombreux attentats. Moi, le paisible Savoyard, je suis stupéfait, le 1er janvier 1997, par ces dizaines de coups de feu tirés en l'air pendant près d'une heure, comme le veut la tradition locale. Et pas seulement des tirs de fusils de chasse ! Des rafales d'armes automatiques résonnent dans la nuit ajaccienne. Il est vivement conseillé ne pas rester sur son balcon, pour éviter une balle perdue !

Dans un coin de ma mémoire se détache l'image de ce lourd gilet pare-balles entreposé dans le placard de mon bureau. La fenêtre qui donne sur la rue est à l'épreuve des balles. Mais dehors ?

L'attaque de la gendarmerie de Pietrosella marque profondément cette année. Le 6 septembre, un commando cagoulé prend en otage les gendarmes Didier Paniez et Daniel Herniaux, qui rentrent de patrouille de nuit à bord de leur véhicule de service. Les clandestins embarquent les militaires, avant de les abandonner dans le maquis pieds et poings liés. Ils dérobent également deux pistolets Beretta au cours de l'opération. L'une de ces armes, laissée sur le lieu du crime comme une signature, crachera la mort le soir de l'assassinat du préfet Érignac.

D'autres attentats marquent les esprits : ceux commis contre la sous-préfecture et le tribunal de Sartène et le siège de la Direction départementale de l'équipement (DDE). Je marche continuellement dans les gravats. Ce sont des actions lourdes et spectaculaires, toujours dangereuses pour les passants et les riverains. Je conserve d'ailleurs depuis, comme une relique, un morceau de métal tordu qui a traversé la cloison d'un appartement... situé à une centaine de mètres de l'un de ces attentats.

En matière de « terro », Paris est à la manœuvre. Une fois par trimestre, nous rencontrons les gens de l'antiterrorisme. Le contexte se tend : la guerre incessante entre le patron de la DNAT, Roger Marion, et celui du SRPJ d'Ajaccio, Demetrius Dragacci, trouble l'enquête Érignac. Le premier reproche notamment au second de ne pas avoir suffisamment protégé la scène de crime, le soir des faits. À la décharge de Dragacci, il n'était pas aisé de bloquer une artère aussi passante.

Je me dois ici de faire un aparté sur les affaires d'assises qui témoignent des difficultés d'exercer la justice dans l'île. Nous sommes confrontés à des problèmes récurrents de jurés absents, de jurés « touchés », avec parfois de grandes difficultés à composer le jury. Certes il existe une porte de sortie : les affaires jugées sensibles peuvent être délocalisées sur le continent. En réalité, peu d'entre elles sont jugées hors de l'île[1]. Et c'est plutôt une bonne chose pour l'image de la justice.

1. Voir le chapitre 2 de Bernard Legras, p. 49.

Reste que plusieurs acquittements, prononcés par les cours d'assises de Bastia et Ajaccio, apparaissent clairement suspects au vu de la solidité des dossiers. Inversement, nous parvenons à obtenir de très lourdes condamnations. Une justice en noir et blanc, en somme.

Ma vie personnelle dans l'île n'est guère trépidante. J'apprécie le contact avec la population, notamment avec les commerçants ajacciens, simples et directs. Cependant, ma femme et moi, nous ne nous sommes pas fait beaucoup d'amis. Il n'est pas simple d'être l'ami du procureur. Nous ne nous trouvons pas dans une paisible sous-préfecture du centre de la France. De surcroît, les Corses, à l'image des Savoyards, ne sont pas des gens qui vous sautent naturellement au cou, a fortiori quand vous êtes un magistrat.

La sécurité du juge, une préoccupation constante

La sécurité de ma famille me préoccupe. Mais je finis par faire la part des choses, n'étant pas d'un naturel anxieux. Je pense vraiment que les angoissés de nature ne doivent pas postuler pour l'île, comme d'ailleurs pour d'autres territoires difficiles. L'affaire Érignac fut vécue par mes collègues et moi comme un vrai traumatisme.

Au mois de janvier 1998 se tient la traditionnelle rentrée solennelle du tribunal. J'insiste dans mon discours sur le bilan des attentats, qui sont en diminution. On ne s'attend pas du tout à ce qui va survenir un mois plus tard. Le 6 février 1998, le substitut Alain Savelli m'informe du crime en me communiquant une information partiellement exacte : « Le préfet de police est mort. » Or c'est le préfet de région et non de police qui a été assassiné. La confusion du moment trompe ce collègue. Je me rends aussitôt sur place, rue Colonel-d'Ornano, à Ajaccio. Nous hésitons quelques minutes, car la victime a le visage tourné vers le sol. J'avoue que j'ai pris un coup à la vue de cette longue silhouette allongée sur le bitume, avec plusieurs balles dans la tête. Un véritable choc.

J'apprendrai par la suite que des informations circulaient depuis plusieurs semaines sur l'éventualité qu'un tel attentat se produise. Mais les services de l'État ne m'ont informé de rien !

Durant cette période tragique, je n'ai aucun contact avec la Chancellerie. Des réunions avec Dragacci, Bernard Gravet, le directeur central de la police judiciaire, et Roger Marion démontrent que l'on patauge dès les premières heures de l'enquête. Nous partons au vu d'informations infondées sur la piste de jeunes Marocains trafiquants de drogue en raison de quelques témoignages assez confus. Puis, très vite, la piste nationaliste se confirme à la suite de l'identification de l'arme, celle de Pietrosella.

Dans ma tête, les souvenirs forts se bousculent : le président Jacques Chirac à la cérémonie en hommage au préfet, la procession dans les rues d'Ajaccio, les magistrats en robe. Je revois également le visage fermé du bâtonnier Antoine Sollacaro, présent lui aussi. Il deviendra l'avocat d'Yvan Colonna, l'assassin du préfet.

L'affaire du Crédit agricole

Bernard Bonnet débarque quelques jours plus tard. Je me dois de reconnaître son efficacité. Du moins au début… Il est ainsi le premier préfet à nous saisir sur le fondement de l'article 40 du Code de procédure pénale[1], m'adressant une cinquantaine de signalements en quelques mois. Certains ne donnent rien, mais d'autres prospèrent. Je pense en particulier au dossier du Crédit agricole[2] ouvert à Ajaccio, puis confié par la suite à un juge de Bastia.

L'affaire débute à la suite d'une inspection menée par dix inspecteurs des finances qui se succèdent pour décortiquer les grands comptes de la banque. Ils sont à l'origine d'un rapport qui justifie à mes yeux l'ouverture d'une information judiciaire. J'indique que nous n'étions pas au courant de cette inspection à son origine.

Le juge d'instruction Jean Guary provoque d'emblée un séisme en ciblant le président de la chambre d'agriculture, Michel Valentini, et son épouse. D'autres personnalités sont mises en examen. Mais au bout du compte l'affaire confiée par la suite au pôle financier de Bastia se termine sur un non-lieu général qui nous stupéfie. La presse ne manque pas en effet d'évoquer une « affaire d'État ».

---

1. Voir le chapitre 2 de Bernard Legras, p. 73.
2. *Ibid.*

L'affaire du revenu minimum d'insertion (RMI), qui met en cause José Rossi[1], me revient également. Le président UDF de l'assemblée de Corse, ancien ministre, est au cœur d'un système de détournement de fonds destinés à l'origine aux RMIstes au profit de clubs de football et de diverses associations. Rossi préside à l'époque des faits le conseil général de Corse-du-Sud. Les gendarmes ont bien fait leur travail et Rossi sera condamné[2].

Nous agissons souvent à partir de renseignements anonymes mais, la plupart du temps, ce sont des renseignements issus de Tracfin ou de la chambre régionale des comptes (CRC) qui déclenchent l'action publique. Avant l'arrivée de Bonnet, la CRC ne se montre pas très virulente, mais le nouveau préfet a le mérite de donner un coup de pied dans la fourmilière. La restauration impérieuse de l'État de droit est sur la table. Pour autant, curieusement, nous ne disposons, nous justice, d'aucun moyen supplémentaire. Pas de magistrat en complément, pas d'assistant, pas d'OPJ détaché. Il faut toujours faire beaucoup avec peu…

L'assassinat de Claude Érignac provoque une réelle fracture. Le contexte change du jour au lendemain. Trois gardes du corps m'entourent dès que je mets le

1. Voir le chapitre 4 de Patrice Camberou, p. 124.

2. En 2004, la Cour d'appel de Bastia condamne José Rossi pour ces faits à un an d'inégibilité, six mois de prison avec sursis et 20000 euros d'amende. La Cour confirme pour l'essentiel la peine infligée un an plus tôt par le tribunal d'Ajaccio.

nez dehors. Adepte du jogging, je continue à transpirer sur la route des Sanguinaires lors de rares moments de liberté. Mais c'est une liberté surveillée. À peine me suis-je retourné que je peux constater que je ne serai plus jamais libre de mes mouvements sur le sol corse, même si quelque fois je parviens à échapper à ce climat étouffant.

Dès le soir de l'assassinat de Claude Érignac, j'ai pris toute la mesure de la menace. Je gare d'instinct ma voiture en surface près de mon domicile, au lieu de rejoindre le parking souterrain de mon immeuble. C'est très symbolique de l'ambiance qui règne alors à Ajaccio. Mais je refuse de sombrer dans la paranoïa. Je dois assumer les risques du métier, comme tous mes collègues.

Des affaires étouffées ?

Bernard Bonnet clame vouloir remettre l'île dans le bon sens. Mais l'affaire des paillotes redistribue les cartes. En avril 1999, alors en vacances sur mes terres d'Annecy, je reçois un coup de fil étrange du procureur adjoint, James Juan. Une affaire vraiment bizarre est au cœur de la conversation, un gendarme brûlé en mettant le feu à une paillote. Un talkie-walkie est enterré sommairement dans le sable avec une cagoule[1]. Je me dis tout de suite : cette histoire pue. Le dossier est suivi

1. Voir les chapitres 3 et 4, respectivement de Philippe Toccanier et de Patrice Camberou, p. 92 et p. 124.

côté ministère public par Philippe Toccanier. Philippe est un jeune magistrat plein d'allant, et en plus originaire de Haute-Savoie. De quoi bien nous entendre ! Au fil de l'enquête nous comprenons que le fameux GPS, cette unité spécialisée de la gendarmerie, est en réalité une garde rapprochée que Bonnet utilise systématiquement car il se méfie de la police.

Nous commençons à remonter le scénario avec les cinq gendarmes impliqués dans cette rocambolesque expédition. Nous apprenons qu'Henri Mazères, patron des gendarmes de Corse, et Gérard Pardini, le directeur de cabinet de Bernard Bonnet, sont impliqués dans un autre incendie, celui de la paillote « Aria Marina », grâce à un briquet donné par le préfet en personne. Bonnet, qui agit un peu comme une sorte de gouverneur de la Corse, veut tout maîtriser, y compris la justice. Sa maxime est simple : tous ceux qui sont là avant son arrivée sont suspects, y compris le procureur !

Bonnet n'hésite pas à fustiger le prétendu laxisme de l'institution judiciaire. Il laisse entendre que nous n'avons rien fait pour empêcher l'assassinat prévisible d'Érignac. Je tiens à réagir, les magistrats font leur travail avec les moyens dont ils disposent. Ils démontrent au quotidien leur mobilisation au service de la justice, preuve en est, le tribunal d'Ajaccio se montre très sévère vis-à-vis des porteurs d'armes à feu, un fléau dans l'île. Les peines de prison tombent comme à Gravelotte.

Aux accusations et aux suspicions, je réponds toujours par une image : « Y a-t-il un coffre dans mon cabinet ? »

Une façon de dire que je n'étouffe aucune affaire. Point de dossiers secrets. Mon action est transparente. Avec mes collègues du parquet, nous nous efforçons d'appliquer la loi de la République de manière égalitaire, sans égards particuliers pour Untel ou Untel. Une antienne que je répète à tous les sceptiques qui ne connaissent rien de la réalité corse et qui s'accrochent à des idées fausses.

Ne confondons pas les moyens d'un préfet, qui sont considérables, et ceux d'un procureur, fort limités. Les magistrats ne disposent pas d'armée secrète susceptible de lancer des opérations « barbouzardes ». Souvenons-nous de ce tract fabriqué à la lumière tamisée dans le huis-clos de la préfecture : « Féraud, balance des flics ». Ce document vise à créer la confusion autour de l'incendie de la paillote « Chez Francis » et à mettre en cause, à tort, les « natios » afin de déclencher un conflit entre eux. Lancer de telles rumeurs vous amène sur un terrain très glissant, surtout en Corse. La justice n'a qu'une seule règle de comportement : le respect de la légalité et du droit.

L'affaire de la paillote n'aurait jamais existé sans la maladresse des incendiaires. Rien n'est décidément clair à cette époque. Prenons l'exemple de François Santoni, un nationaliste, interpellé avec une arme et libéré sur-le-champ par la police ! Preuve en est qu'en Corse il est aisé de contourner un procureur... L'île est un terrain miné, parsemé de sables mouvants pour la justice et ses acteurs. Il s'agit d'en sortir indemne en respectant ses principes fondamentaux. Que la tâche est rude !

Bonnet rêve d'avoir lui-même un pouvoir judiciaire. Constamment il s'oppose à Bernard Legras, parfois avec violence. Le lieutenant-colonel Bertrand Cavallier nous sert de décodeur de la méthode Bonnet. Il est le chef d'état-major de la légion de gendarmerie. L'officier, qui s'oppose à son chef le colonel Mazères, passe fréquemment nous rendre visite le soir tombé et ce, bien avant l'affaire des paillotes. Cette « gorge profonde » détient des informations et tente de les monnayer contre nos propres tuyaux. Celui qui est le déclencheur de l'affaire des paillotes nous remet une cassette dans laquelle il enregistre Bonnet à son insu.

Le dialogue entre les deux hommes date du 26 avril 1999 : il est accablant pour le préfet.

Vu la tournure des événements, je décide d'établir dans la foulée un rapport destiné à la Chancellerie. Dans cette affaire, Bernard Legras démontre son courage, en s'impliquant personnellement dans ses contacts avec le ministre de la Justice. À l'époque, Jean-Pierre Chevènement, alors à l'Intérieur, est malade, ce qui ne favorise pas le dialogue. Le principal acteur à protéger des pressions est le juge d'instruction Patrice Camberou[1], qui doit travailler sans entrave et dans la plus grande sérénité. Un juge a besoin du soutien du parquet. Nous serrons tous les rangs derrière notre collègue, dont j'apprécie la détermination et le bon sens, mâtinés d'un humour bienvenu.

1. Voir le chapitre 4 de Patrice Camberou, p. 103.

L'affaire des paillotes démontre que la justice est fiable en Corse, que l'on peut compter sur elle. Me revient le souvenir d'un tête-à-tête avec Bonnet. Je suis frontal : « Vous êtes courageux, mais vous avez dérivé. Ce que vous avez fait est inconcevable ! » Bonnet ne bronche pas. Pour nous, magistrats, l'affaire des paillotes est une histoire collective très forte. Une aventure rocambolesque qui nous rapproche, parquetiers et juges d'instruction, embarqués dans la même tourmente.

Retour au droit face aux dérives du politique

Une exigence majeure apparaît : que le judiciaire reste à distance du politique. Le pouvoir politique peut être tenté de peser sur l'institution judiciaire, ne serait-ce que par ses choix stratégiques. Or, dans ces années troublées, le gouvernement privilégie la lutte contre le terrorisme au détriment de l'action contre la criminalité organisée. Cette fameuse note rédigée par Couturier, inimaginable aujourd'hui, montre les errements dans lesquels la justice peut tomber si elle affiche un positionnement ambigu, laissant supposer qu'elle n'est pas inspirée par les seules règles de droit, mais par le contexte.

Exit donc Couturier et sa « circonspection ». Son successeur, Bernard Legras[1], débarque de La Réunion après un grand ménage dans cette autre île. Mais la Corse n'est pas La Réunion, Legras le comprend rapidement.

1. Voir le chapitre 2 de Bernard Legras, p. 49.

La confiance, la loyauté sont des éléments essentiels de mon mode de fonctionnement. Agir avec franchise, ne pas porter de coups tordus dans le dos des gens, telle est ma conviction profonde. Je pense sincèrement qu'un magistrat peut se conformer à cette règle salutaire. Et ce quels que soient les événements ou le contexte du moment. En Corse, plus qu'ailleurs, nourrir les querelles entre services, valider des montages juridiques douteux, attiser les tensions pour s'imposer sont à proscrire absolument. La justice doit être exempte de toute critique à cet égard.

La question posée – et ce n'est pas spécifique à la Corse – est le temps d'affectation au même poste. Le soupçon plane constamment. Il faut absolument lutter contre les fuites[1]. C'est pourquoi, pour moi, les magistrats pénalistes ne doivent pas rester trop longtemps sur l'île. Cinq ans maximum peut-être. La porosité est le maître mot sur l'île. Il s'agit d'un combat permanent. Tout se sait, tout se dit et les oreilles malintentionnées sont nombreuses.

Ensuite, il convient d'évoluer entre des lignes claires. Je dirais trivialement que je suis passé entre les gouttes durant mon séjour en Corse. J'ai eu de la chance, mais c'est peut-être aussi parce que je m'en suis tenu à cette règle de conduite. Je rappelle le contexte : Juppé arrive en 1996 et le FLNC lance l'attentat de Bordeaux avec en toile de fond ce qui devient l'affaire Érignac.

1. Voir les chapitres 3 et 5, respectivement de Philippe Toccanier et de Claude Choquet, p. 86 et p. 187.

J'arrive après ce changement politique et peu avant l'assassinat. Je n'ai donc pas connu les compromissions avec les nationalistes à l'occasion de Tralonca[1]. Comment aurais-je réagi si j'avais appris ce qu'il en était ?

Situation exceptionnelle à Bastelica

En Corse, bien des affaires échappent à toute rationalité. Je pense en particulier à la mort de Marcel Lorenzoni[2], poignardé à mort par son fils, lui-même tué par son père ! Une vraie tragédie grecque, une terrible histoire de famille entre l'un des fondateurs du FLNC et son fils Petru, lui aussi très impliqué dans la cause. Ce dernier souffre cependant de troubles mentaux, comme en témoigne son internement un an auparavant dans un hôpital psychiatrique. Antigone est en marche.

Ce jour-là Marcel Lorenzoni se déplace à Bastelica pour rendre visite à son fils et son ex-femme Catherine. Tous prennent la décision de partir en balade à Vintusella, pas très loin de la station de ski du Val d'Ese. Nous sommes à 1 600 mètres, la vue sur le Monte Renoso est à couper le souffle. Quand j'arrive sur le chemin, je constate que le fils est mort et que le père est ventilé. Ce dernier décède une heure et demie plus tard. La reconstitution des faits est rapide. Petru, qui a dissimulé un couteau dans ses vêtements, se jette soudain

1. Voir p. 44.
2. Voir le chapitre 4 de Patrice Camberou, p. 122.

sur Marcel pour le poignarder au ventre sous les yeux de sa mère. Le père porte à son tour un coup de couteau dans le dos de son fils en s'emparant de l'arme.

La tension dans le village est logiquement à son comble. J'aperçois le patron de la section de recherches, l'excellent colonel Gotab, qui parlemente avec les habitants et la famille. J'explique à leurs proches qu'il faut faire toute la clarté sur ce drame familial. Mais, malgré nos exhortations, ils refusent obstinément que les deux corps soient transportés à la morgue d'Ajaccio pour autopsie. C'est l'impasse.

Si je ne cède pas, on court à l'affrontement, qui peut devenir très violent. Je sais que les fusils peuvent être vite de sortie... Or, particularité juridique, l'action publique est éteinte du fait du décès simultané des deux auteurs de ce double crime réciproque ! Il n'y a plus lieu de poursuivre. Néanmoins, une enquête sérieuse doit être diligentée. Comme ils sont loin, dans la montagne corse, les canons de la procédure pénale, avec leurs exigences inapplicables à une situation aussi singulière !

Décision est donc prise de pratiquer un simulacre d'autopsie à l'intérieur de la maison des Lorenzoni. Nous sommes dans une scène surréaliste, les deux victimes allongées côte à côte sur le même lit. Je me souviens de n'être vêtu que d'une simple chemisette. Le soleil se couche. Nous sommes en altitude. Je commence à frissonner. Des crânes rasés au regard hostile nous entourent. Une haie d'individus nous accueille, la mine sombre. Le docteur Paul Marcaggi, qui fait office de médecin légiste, procède simplement et sommairement à l'examen des plaies. S'agissant de blessures mortelles par arme blanche, aucun projectile n'est à récupérer.

Avant de partir, je jette un coup d'œil sur la bibliothèque du père. Riche et savante. En Corse, je dirai que j'ai un peu tout vu : de l'ordinaire, du sordide et de l'exceptionnel comme à Bastelica.

« Corsiser » la JIRS

J'ai quitté la Corse le 17 août 2001, jour de l'assassinat de François Santoni à Monaccia d'Aullène, au sud de l'île. Une nuit blanche après un meurtre qui me reste en mémoire. Mais les affaires insulaires me poursuivent. En 2008, je suis nommé procureur de Marseille et patron du parquet JIRS, après un passage plus paisible mais nécessaire par Bourg-en-Bresse et Bordeaux.

Ce poste de Marseille est convoité. Des candidats sont légitimes, notamment Michel Debacq, sorte de fils spirituel du fameux juge Michel[1], et Solange Moracchini qui, elle aussi, a un passé fort avec Marseille en matière de lutte contre le grand banditisme. Je suis en fait le candidat du compromis, avec la chance d'être proposé

1. Pierre Michel est assassiné, le 21 octobre 1981, au guidon de sa moto. L'assassinat met en scène le Milieu corso-marseillais sur fond de French Connection. Le commanditaire corse présumé de l'opération, Homère Filippi, ne sera jamais retrouvé. Seul François Girard, dit « le Blond », est condamné comme commanditaire de ce crime à la réclusion criminelle à perpétuité assortie d'une peine de sûreté de dix-huit ans.

par le Conseil supérieur de la magistrature. Parfois, nous décrochons un poste par défaut. Il faut avoir l'honnêteté de le reconnaître.

Je constate que depuis 2004, date de création des JIRS, la juridiction traite fort peu de dossiers corses. Au parquet général de Bordeaux m'avait été confiée la mise en place de la JIRS compétente pour le grand sud-ouest de la France. Convaincu de l'intérêt de cette structure d'un nouveau type, j'avais eu plaisir à travailler avec les magistrats concernés. J'étais proche des parquetiers et des juges d'instruction, dont Jean-Michel Gentil, un maître tacticien et collègue que j'apprécie.

Quelques affaires d'attaques de fourgon de transport de fonds en Corse et sur le continent sommeillent dans les placards. Je décide de centraliser tous les dossiers de grand banditisme insulaires sur Marseille. Je ne comprends pas que la JIRS soit saisie des assassinats clairement commis en bande organisée sur l'île. Il lui revient de lutter contre les manifestations du crime organisé sur l'ensemble de sa zone de compétence, sans exclusive. L'arrivée en juillet 2008 de François Falletti au poste de procureur général de la cour d'appel d'Aix-en-Provence accentue le mouvement. Nous sommes en symbiose, nous nous sommes bien connus quand j'étais en Rhône-Alpes. Et il s'agit encore d'un Haut-Savoyard !

La période est marquée par l'arrivée à la JIRS de magistrats de qualité : Sylvie Odier, Claude Choquet[1], Charles Duchaine, Serge Tournaire, Jean-Yves Lourguilloux, Jean-Luc Blachon, Christophe Perruaux

1. Voir le chapitre suivant, p. 173.

et j'en oublie. Marc Cimamonti, puis Christophe Barret, mes adjoints directs, apportent leur rigueur et leur enthousiasme.

Les assassinats se multiplient

En 2009, les assassinats se multiplient tant du côté du clan de Jean-Jé Colonna à Ajaccio que des membres de la Brise de mer décimés les uns après les autres comme Santucci, Guazzelli, Mariani... Les *lamenti* – le *lamentu* est le chant des morts – résonnent dans les églises. Ces événements provoquent une montée en puissance de notre juridiction.

Mes collègues de la JIRS, Claude Choquet et Serge Tournaire, récupérèrent ces affaires corses toutes chaudes. Nous avons en « portefeuille » une cinquantaine de dossiers en 2012. Les trois quarts sont des affaires d'assassinats. Grâce à la JIRS, nous contournons cette fracture entre Ajaccio et Bastia que j'avais regrettée lorsque j'exerçais sur l'île. Notre vision panoramique nous mène partout, dans les cercles de jeu à Paris, au cœur du banditisme corso-marseillais et même à l'étranger.

Parallèlement, se développent des dossiers à dominante financière, notamment touchant le conseil général de Haute-Corse. Je pense en particulier au dossier ABT, géré par le juge d'instruction Charles Duchaine. ABT est une société-écran, liée à l'affaire qui met en cause Jean-Noël Guérini, ex-président du conseil général des Bouches-du-Rhône, lui-même d'origine corse. Cette société ABT apparaît également sur des marchés présumés truqués de fournitures et de matériel médical au conseil général d'Ajaccio. À un certain moment, la JIRS rassemble plus de dossiers en provenance de Corse que des quartiers nord et sud de Marseille, pourtant féconds en règlements de comptes !

La JIRS est idéalement placée pour appréhender les organisations criminelles comme la Brise de mer et éclairer certains événements, telle l'évasion par fax dans l'affaire de Sartène[1]. Nous cernons mieux le rôle de Jean-Luc Germani, le beau-frère de Richard Casanova, ou la terrible vendetta entre les Mattei et les Costa[2] au nord de l'île. Je me souviens de points réguliers avec mes collègues. Nous dressons des tableaux synoptiques, élaborons une méthodologie d'action, développons les échanges et la concertation entre services d'enquête et magistrats. L'international et la saisie des avoirs criminels sont deux axes forts de la politique pénale de la JIRS. Par ailleurs, d'un point de vue médiatique, il me faut constamment faire le relais avec les avocats et certains médias qui critiquent violemment la JIRS, surtout la presse corse, nous taxant de « favoritisme ».

1. Voir les chapitres 3 et 4, respectivement de Philippe Toccanier et de Patrice Camberou, p. 81 et p. 107.

2. Voir les chapitres 8 et 9, respectivement de Nicolas Bessone et de Romain Manie-Samson, p. 253 et p. 287.

Sollacaro, le choc

Des réunions de synthèse se tiennent à Paris. En me rendant en TGV à l'un de ces briefings en octobre 2012, je suis informé de l'assassinat à Ajaccio d'Antoine Sollacaro. Le procureur adjoint Christophe Barret m'annonce la terrible nouvelle. C'est la consternation. L'avocat est abattu quasiment à bout portant de plusieurs balles de 11,43 en pleine tête sur l'aire d'une station-service de la route des Sanguinaires. Il venait comme chaque matin récupérer ses journaux, et les tueurs connaissaient ses habitudes. Un cap est de nouveau franchi dans la violence, même si je n'ignore pas que, depuis l'assassinat de Claude Érignac, tout est désormais possible en Corse.

Sollacaro est une vieille connaissance de la JIRS. Il défendait avec pugnacité les intérêts du clan Orsoni. Cet avocat de conviction s'inscrivait volontiers dans l'affrontement. Ne cachant pas ses sympathies nationalistes, il avait publiquement pris à partie Bernard Bonnet au cours d'une fameuse rentrée solennelle en 1998. Sollacaro, je le trouve finalement assez sincère. Sa pugnacité séduit. Un personnage marquant du monde judiciaire corse disparaît tragiquement.

Or, de multiples pistes compliquent l'élucidation de cette affaire. On envisage tout, y compris que la victime soit impliquée à titre privé dans une opération douteuse. Le bras de la justice pointe aussitôt vers ses ennemis, ceux de la bande du Petit Bar. Ses membres sont par la suite interpellés et mis en examen pour « assassinat en bande organisée». Les mises en examen de Mickaël Ettori et d'André Bacchiolelli seront annulées par la chambre de l'instruction de la cour d'appel d'Aix-en-Provence en juillet 2014. Le duo, en détention depuis 2013, est remis en liberté. Mais il demeure mis en cause pour «association de malfaiteurs», en relation avec le vol de la moto BMW GS 1200 utilisée pour le crime. Jacques Santoni, chef présumé de l'équipe, est lui aussi mis en examen, ainsi que Pascal Porri. Le noyau dur du Petit Bar est visé[1].

Quant à la Brise de mer, au sens strict du terme, je la considère comme une organisation avec des «emprunts» mafieux. Nous ne sommes pas en présence de clans à l'italienne. Je parlerai plutôt de nébuleuse et de comportements mafieux. Tout est construit autour d'une logique familiale insulaire. Le côté mafieux s'exprime au travers de cette volonté de mettre la main sur le volet économique avec des relais dans la vie politique. Banditisme, nationalisme, affairisme se mêlent étroitement. Rien n'est étanche. Des accointances troubles entre des malfaiteurs et des élus locaux sont également relevées.

C'est pourquoi, lors de mon séjour sur l'île, j'observe une règle drastique : ne pas être informé de certains développements dans les dossiers pour ne pas être

1. En septembre 2018, le juge d'instruction Christophe Petiteau ordonne le renvoi en correctionnelle de plusieurs membres de l'équipe du Petit Bar, dont leur chef présumé Jacques Santoni. Son ordonnance fait l'objet d'un appel du parquet, qui réclame des investigations complémentaires.

soupçonné d'être à l'origine de fuites. Une décision paradoxale, alors que l'information opérationnelle doit être justement partagée par l'ensemble des acteurs judiciaires. Mais le climat de suspicion est épouvantable. Quant à moi, je me positionne en dehors des débats et des querelles. Je ne cherche pas, comme certains, à mener mes petites enquêtes parallèles. Claude Érignac a mon plus grand respect et toute mon estime, mais il ne s'est jamais confié à moi. Peut-être s'est-il un peu trop isolé ou craignait-il des révélations intempestives ?

Sous la houlette de la JIRS, on ne peut lutter contre la petite délinquance avec les mêmes moyens que contre les criminels d'envergure. Il n'y a pas de traitement différencié en Corse par rapport à Marseille ou à Nice.

Je réponds à tous ceux qui dénoncent une juridiction d'exception que les moyens des JIRS ne sont pas spécifiques, encore moins réservés à certaines affaires. N'importe quelle autre juridiction peut les utiliser. Des méthodes qui sont soumises aux voies normales de recours et au contradictoire ne font que respecter le droit en vigueur. Je m'attelle à constamment mettre les choses au point par des entretiens accordés à la presse. Je martèle mon message : les magistrats des JIRS sont comme les autres, certes spécialisés mais pétris d'une déontologie commune à l'ensemble du corps. Pas de « Rambo » judiciaires parmi eux. Ne leur faisons pas de mauvais procès !

Ne rien céder au crime organisé

Les nationalistes disent lutter contre le banditisme. Ils doivent impérativement le démontrer dans leurs actes au quotidien. Ne rien céder au crime organisé, ni aux accommodements dangereux, telle doit être leur règle de base. Cette exigence fondamentale devrait d'ailleurs inspirer toutes les forces vives de l'île et irriguer les politiques publiques, quelles qu'elles soient.

La JIRS de Marseille a toujours démontré qu'elle agissait sans parti pris à l'égard des nationalistes. En témoigne l'affaire Alain Orsoni[1]. Au fil du temps judiciaire, Christophe Barret, Christophe Perruaux, Charles Duchaine et moi-même sommes quelques-uns à toucher de près la réalité corse.

La JIRS a été officieusement jugée utile par beaucoup qui désormais la combattent ouvertement. Je prends le cas d'Antoine Sollacaro. Et je vous livre ici une révélation. Un jour, je reçois un courrier de Me Sollacaro dans lequel il demande que la JIRS se saisisse de deux anciennes affaires de meurtre commis sur l'île. Partie civile, il déplore que ces dossiers stagnent en Corse et me suggère de les rapatrier à la JIRS de Marseille pour tenter de les relancer ! Mais, publiquement, il proteste contre la JIRS.

La spécialisation de la JIRS lui permet de se consacrer pleinement au phénomène du grand banditisme. Apte à croiser les dossiers, à les mettre en perspective, elle élabore une grille d'analyse pertinente sur les

1. Voir le chapitre 6 de Claude Choquet, p. 191.

groupes criminels et leurs agissements. Cette centralisation interrégionale aide à acquérir une connaissance approfondie du crime organisé.

Si je dois tirer un bilan de l'activité de la JIRS, je dirai que le but est atteint, celui de renvoyer des mafieux corses notoires devant des juridictions de jugement, quel que soit le résultat. Il en va de la Corse comme du continent, où les mêmes agissements criminels méritent un traitement judiciaire ferme mais équitable.

Certes je reconnais qu'en termes de condamnations, notre action peut être jugée décevante. Mais nous avons des éléments à décharge. Rappelons que, par nature, les affaires de règlements de comptes sont complexes à élucider. Les éléments de preuves sont minces, les auteurs et leurs complices prenant bien soin de dissimuler leur implication. Pas ou peu d'indices matériels sur la scène de crime, pas de témoins, pas de dénonciations par crainte de représailles, pas d'aveux : tous les ingrédients du non-lieu ou de l'acquittement sont réunis. Il en va du banditisme corse comme du banditisme marseillais, toulonnais, niçois, lyonnais ou parisien. Les voies de la justice des voyous sont bien souvent impénétrables.

Nous possédons tout de même une arme, l'« association de malfaiteurs », une incrimination qui permet de juger des dossiers quand les preuves formelles manquent. Tel fut le cas dans le cadre de l'assassinat de Jean-Claude Colonna, qui a permis la condamnation en première instance de Jean-Luc Germani et de ses complices[1]. Cette qualification, également utilisée par la juridiction antiterroriste, fait l'objet de critiques, notamment de la part des avocats. Elle est pourtant inscrite dans notre Code pénal et soumise *in fine* à la Cour de cassation qui en surveille l'emploi.

L'amélioration de l'action de la JIRS me semble passer par l'affectation de moyens humains nouveaux. Je pense ici à un détachement d'OPJ en son sein, à une augmentation significative des assistants spécialisés, notamment en matière financière. La création de pôles réunissant magistrats et policiers avec une vision plus élargie s'impose. Une arme fatale, initiée par les juges Charles Duchaine et Marc Cimamonti, est la saisie des avoirs criminels[2].

Les voyous s'exposent au moment où ils réinvestissent le produit de leurs activités criminelles (racket, trafic de drogue…) par des voies légales (acquisitions foncières et immobilières, créations d'entreprises…). La lutte contre le crime organisé passe inéluctablement par un travail de fond sur sa dimension économique et financière. Combattre résolument l'argent sale et le blanchiment est le seul moyen d'affaiblir sérieusement le grand banditisme. Je crois, pour ma part, davantage à une confiscation significative des biens mal acquis qu'à un emprisonnement hypothétique et insuffisant. « Pour que le crime ne paie plus », assène avec justesse Charles Duchaine.

1. Voir le chapitre 7 de Guillaume Cotelle, p. 223.
2. En 2017, l'Agence de gestion et de recouvrement des avoirs saisis et confisqués a récupéré plus de 540 millions d'euros.

Halte au désengagement de l'État !

Malheureusement, depuis quelque temps, la JIRS semble se désengager des affaires corses. Si l'État prend ses distances avec la Corse, les structures de contrôle seront amoindries, notamment sur l'usage de l'argent public. Le contrôle de légalité du préfet, qui vérifie la conformité des actes d'une collectivité territoriale et de ses établissements publics, est essentiel. Le rôle de la chambre régionale des comptes, de Tracfin, de l'Agence française anticorruption sont tout aussi fondamentaux. La justice insulaire, qui fait chaque jour la preuve de son engagement et de son efficacité, les JIRS de Paris et de Marseille, le parquet national financier, ont tous à agir, en étroite liaison, pour combattre sous toutes ses formes le crime organisé, toujours plus puissant.

Si la Corse devient autonome, on peut craindre le développement d'investissements illégaux. N'oublions pas que nous évoluons dans un système de libre entreprise. N'importe qui peut investir, même le pire des malfrats. Attention notamment aux investissements mafieux étrangers, qui viennent polluer les rives de la Corse. Les appétits de ces organisations criminelles, surtout italiennes et russes, ne manquent pas d'être aiguisés dans ce paradis touristique à forte valeur ajoutée.

Prenons le cas du clan Federici, les Bergers braqueurs du village de Venzolasca, présentés comme un clan redoutable. Nous savons qu'ils acquièrent des biens par les revenus du racket. Mais on ne peut le prouver. Plus le temps passe, plus ils en profitent pour réinvestir. Des moyens dilatoires sont employés pour retarder les investigations. Il convient donc d'étoffer les effectifs judiciaires pour instruire plus vite, avec le souci constant de l'efficacité.

Compte tenu de la fragilité économique de la Corse, qui l'expose à toutes les tentations, il serait dramatique que la justice continentale se désengage de l'île.

La JIRS doit poursuivre inlassablement son combat contre le blanchiment, la non-justification de ressources, la fraude aux marchés publics. Par principe, il faut s'efforcer de travailler sur une personne suspectée, dans un esprit de prévention, avant qu'elle n'agisse de façon illicite. L'empêcher de commettre crimes et délits doit rester la mission première de la JIRS.

Ce projet ambitieux nécessite de muscler les structures judiciaires qui luttent contre le crime organisé insulaire. Ses ramifications financières – dans l'immobilier, le foncier, la commande publique notamment – justifient une action pénale sans états d'âme. Le pôle financier du TGI de Bastia doit prendre toute sa place dans le dispositif judiciaire national qui comprend la JIRS de Marseille et le parquet national financier. L'actuel procureur général de Bastia, Franck Rastoul, un homme de grande qualité, en est convaincu. Avec leurs collègues en poste en Corse, les magistrats continentaux sont les défenseurs de l'État de droit. Il faut leur donner les moyens d'agir efficacement. Et d'œuvrer ensemble. L'union des acteurs fait la force de la réponse judiciaire.

Mon dernier séjour en Corse remonte à 2015. J'ai adoré l'île, son climat familial, ses traditions. Nombre de points communs rassemblent Corses et Savoyards, notamment l'amour de la terre. Ce sont des hommes de la montagne avant tout, authentiques, je l'apprécie. Comme j'aime les gens taiseux et profonds pour qui l'amitié sincère est la valeur suprême. La Corse est le lieu de tous les contrastes : la paix et la sérénité voisinent avec la violence la plus brutale. On en sort différent. J'y ai appris beaucoup sur moi-même et sur les autres. Un moment fort de ma carrière, un défi professionnel et humain que je recommande volontiers à mes collègues magistrats !

Le combat pour le droit exige une justice forte et respectée. Ne baissons pas la garde et allons de l'avant dans l'intérêt de cette merveilleuse terre qu'est la Corse.

6

Claude Choquet, le coordonnateur

Claude Choquet est un personnage atypique qui mène jusqu'en décembre 2017 une carrière exemplaire au sein des juridictions les plus sensibles. Pré-admissible à Normale sup option philosophie, il se dirige vers un poste d'éducateur spécialisé avant d'entrer en magistrature *via* le recrutement interne.

Coordonnateur du pôle antiterroriste de Paris, il a instruit tout récemment l'attentat de Nice du 14 juillet 2016. Il occupait auparavant les mêmes fonctions au sein du pôle crimes contre l'humanité, génocides et crimes de guerre. Il touche alors de près les affaires douloureuses du Rwanda.

Mais c'est sans nul doute son passage à la JIRS de Marseille entre 2004 et 2012, où son sens de l'organisation fait merveille, qui constitue son expérience la plus exaltante. Les affaires corses monopolisent largement l'activité de cette juridiction tant décriée sur l'île de Beauté.

« La mafia, il ne la voit pas. Il est assis dessus ! »

J'occupe pendant huit ans, de 2004 à 2012, le poste de magistrat coordonnateur des cabinets d'instruction de la JIRS de Marseille. Parvenu bientôt au terme de ma carrière, je considère aujourd'hui que ce furent mes plus belles années. Il est passionnant de construire un outil d'enquête aussi innovant au moment même où le Milieu corse s'engage dans une recomposition féroce, marquée par un grand nombre de règlements de comptes, notamment à partir de 2008 sur la zone d'Ajaccio. Je pense en particulier aux assassinats de la maire de Grosseto-Prugna, Marie-Jeanne Bozzi[1], et de celui qui est considéré comme le plus proche lieutenant de Jean-Jé Colonna, Ange-Marie Michelosi[2].

La création des JIRS marque un tournant, j'ose même dire une révolution, dans la lutte contre les organisations criminelles transnationales, nationales et insulaires en particulier. Jusque-là, policiers et magistrats répondaient au coup par coup sans véritable stratégie de démantèlement des organisations criminelles. La création des JIRS – des structures centralisées compétentes sur des zones explosant les limites des cours d'appel – permet de développer une politique pénale ciblée, de fixer des objectifs et de mettre l'accent sur telle ou telle enquête en fonction d'une analyse globale préalable du phénomène criminel. L'acquisition du renseignement

1. En avril 2011, Marie-Jeanne Bozzi est abattue de huit balles de 9 mm sur le parking d'un centre commercial de Porticcio.

2. Ange-Marie Michelosi est tué, en juillet 2008, de plusieurs décharges de chevrotine tirées en pleine tête.

devient une priorité qui permet d'agir dès les premiers agissements criminels, sans attendre forcément la réalisation du résultat espéré par les voyous.

L'intervention judiciaire, jusque-là uniquement lancée en réaction à l'événement constaté – assassinat, vol à main armée, livraison de drogue –, gagne en capacité d'anticipation et peut casser le processus criminel en cours. Cette nouvelle optique a suscité de vives critiques et même des résistances au sein de l'appareil judiciaire : de quel droit ces magistrats de type nouveau viennent-ils faire leur marché dans notre zone d'intervention naturelle ? Cet élargissement du domaine de compétences est vécu comme une remise en cause de leurs capacités professionnelles. Je l'ai toujours soutenu : la supériorité des JIRS en matière de lutte contre la grande criminalité repose sur ses méthodes de fonctionnement et non sur la qualité intrinsèque de ses acteurs.

L'exemple italien

La Direction centrale de la police judiciaire (DCPJ), qui a souvent un temps d'avance, pratique déjà l'analyse des agissements criminels. Mais ces efforts sont contrariés, faute d'une force de frappe judiciaire organisée et spécialisée. Nous, les juges, sommes particulièrement impressionnés par les performances de la Direction nationale antimafia de nos camarades italiens. Autant la France est à la pointe sur le plan international – je pense notamment à la convention de New York signée en 2000 –, autant notre fonctionnement interne se révèle par bien des aspects archaïque, reposant sur la seule compétence intrinsèque du magistrat, trop souvent isolé face à la puissance de structures organisées, coordonnées, bénéficiant d'une défense collective. Il faut en finir avec l'illusion du « chevalier blanc » !

Hommage soit rendu à Dominique Perben, alors garde des Sceaux, d'avoir perçu en 2004 l'enjeu et l'urgence de créer une structure radicalement nouvelle. La conception de l'outil et la rédaction de la loi – qui a bouleversé notre Code de procédure pénale – reviennent, au premier chef, à Jean-Claude Marin, alors directeur des affaires criminelles et des grâces, épaulé par son adjoint François Molins[1] et par Anne Kostomarov[2], trois magistrats pénalistes très expérimentés[3]. Outre le travail juridique et législatif, cette réforme s'est accompagnée de mesures financières, de dotations en personnel et matériel adapté. Du jamais-vu !

J'ai eu la chance de participer, modestement, à la définition du projet, me trouvant en poste à Paris entre 2002 et 2004, mais surtout comme homme de terrain ayant rejoint la section délinquance organisée à Marseille de 1993 à 2002. Cette section, toujours existante à ma connaissance, naît en réaction à l'assassinat du juge Michel afin que les magistrats puissent

1. Le futur procureur de la République de Paris, en 2011.
2. Cheffe du bureau de lutte contre la criminalité organisée.
3. Jean-Claude Marin a dirigé, entre 1988 et 2001, la division financière du parquet de Paris avant d'occuper le poste de procureur de la République en 2004.

se répartir les dossiers les plus sensibles et éviter la focalisation des truands sur un seul, mais aussi pour faciliter les échanges de méthodes et d'expériences ; l'esprit « JIRS » y était en germe. Je pense toujours avec admiration et respect à ces précurseurs : Michel Debacq[1], Marie-Claude Pena et Solange Moracchini. Des noms qui ont marqué l'histoire de la magistrature marseillaise.

La loi est votée en mars et les juridictions interrégionales spécialisées sont installées le 1er octobre 2004, réparties sur le territoire en fonction des bassins de criminalité. Pour le Sud-Est, la JIRS de Marseille hérite dans sa sphère de compétence de quatre cours d'appel, couvrant l'arc méditerranéen, dont la Corse. Cette décision de confier à la JIRS de Marseille les affaires corses est à l'origine une revendication de l'Office central de lutte contre le crime organisé (OCLCO) et de la DCPJ.

Inclure la Corse, qui aurait pu échoir à la JIRS de Paris, découle de ce constat simple : les équipes criminelles corses ont depuis longtemps élargi leurs activités hors de l'île, en premier lieu dans le sud-est de la France, leur principale zone de prédation. On parle volontiers, et à juste titre, du banditisme corso-marseillais. S'attaquer à la zone sud sans y inclure la Corse est se condamner à n'y rien comprendre, voire à l'impuissance. Les rapports de force, la concurrence et les alliances entre les différentes bandes criminelles insulaires expliquent

1. Il a occupé le nouveau poste de magistrat de liaison à l'étranger, à Rome. Une première mondiale.

l'évolution et la répartition des « marchés » sur le continent – racket, contrôle de boîtes de nuit, de restaurants, d'entreprises de BTP, particulièrement sur les zones aixoise et niçoise.

Il faut ainsi mesurer l'appétence des « Bergers de Venzolasca » pour les machines à sous provençales afin de comprendre la sauvage exécution du parrain de l'étang de Berre, Farid Berrhama, le 4 avril 2006[1], et de ses lieutenants dans la brasserie marseillaise Les Marronniers.

Le pôle instruction JIRS, installé au cœur du palais de justice de Marseille, compte au départ six magistrats, Dominique Voglimacci-Stephanopoli, Charles Duchaine et moi-même qui arrivions d'autres tribunaux, associés aux « Marseillais » Serge Tournaire, Pascal Guichard et Frédéric Campi. Cette combinaison a été voulue par les chefs de juridictions en réponse aux réticences et aux doutes des collègues locaux évoqués tout à l'heure.

L'atterrissage ne se fait pas en douceur, loin de là. Il faut gagner sa place, aussi bien physiquement – les locaux étant, au départ, inadaptés – qu'aux yeux de nos collègues qui voient dans la JIRS un gadget pour quelques privilégiés, dont les habilitations sont parfois considérées comme illégitimes et suspectes[2]. La JIRS est un véritable OVNI judiciaire. Il convient de tout réinventer : méthodes de travail basées sur la notion

1. Voir le chapitre 8 de Nicolas Bessone, p. 244.

2. Les magistrats affectés dans les JIRS sont spécialement habilités à y exercer par décision écrite du chef de Cour au regard de leur expérience et de la formation spécifique qu'ils ont reçue en matière de criminalité organisée et de grande délinquance financière.

d'équipe, critères de saisine, définition collective des stratégies d'enquête, etc.

Ce ne sera pas facile à admettre pour les juges du siège séculairement habitués à un exercice solitaire de leurs fonctions – parfois malheureusement confondu avec l'indépendance. Pour eux, c'est une véritable mutation culturelle ! Pas simple non plus la mission de coordonnateur qui m'est confiée. Contrairement à la formule favorite de certains avocats, je ne suis pas le « patron » des juges, mais une sorte de *primus inter pares*, sans rang hiérarchique, chargé de l'animation. Au final, ce fut une sacrée belle équipe. En 2014, Marseille est choisie pour commémorer le dixième anniversaire de la création de cette juridiction. Quel bel hommage ! Je note, avec un peu d'amusement, la présence aux premiers rangs de bien des convertis.

En matière de JIRS, c'est au procureur qu'incombe, en lien avec son procureur général, de détecter et récupérer les dossiers qui présentent un intérêt pour la lutte contre la criminalité organisée. Nous souhaitions, nous les juges d'instruction, avoir voix au chapitre. D'où une nouvelle façon de travailler avec le parquet. Nous formulons des exigences, notamment d'anticipations sur ses choix, car ensuite sortir le dossier devient notre affaire et de notre seule responsabilité.

En matière d'enquête, le juge d'instruction est souvent amené à rendre des comptes. Il convient d'opérer des recoupements utiles entre les affaires, qu'elles soient sous contrôle du parquet ou déjà à l'instruction. Notre rôle est de cadrer les services d'enquête, fixer les objectifs, déterminer un timing, éviter les initiatives intempestives susceptibles de compromettre des investigations en cours. Bref c'est dialoguer, négocier, voire si besoin taper du poing sur la table.

De la connivence entre les juges et les procureurs il n'y en a jamais eu, et ce contrairement aux allégations de certains avocats. Ce serait faire insulte à mes collègues du parquet particulièrement soucieux des prérogatives de chacun... et des leurs en particulier. Je préfère évoquer une synergie entre la police judiciaire, le parquet et l'instruction, clef d'une politique pénale, je l'affirme, assez efficace. Jacques Beaume, alors procureur, et Marc Cimamonti, son adjoint en charge de la JIRS, ont mis en musique le dispositif, imaginant des critères clairs de saisine, labourant toutes les juridictions du ressort pour susciter l'adhésion et obtenir des dessaisissements pertinents, informant les juges des affaires à venir.

Le mode de fonctionnement des juges d'instruction à la JIRS est la cosaisine, nous sommes plusieurs sur un dossier, l'un de nous est chef de file. Mais les décisions importantes, comme l'orientation des investigations, le déclenchement des interpellations, l'évaluation des charges, l'incarcération ou la mise en liberté, les qualifications juridiques font l'objet d'un débat commun. Certains interrogatoires sont, dans les phases complexes ou tendues, menés en simultané ou en collectif. Les avocats rechignent.

L'affaire Metalor

Début 2005, un premier dossier « jirsisé » – pardon pour le néologisme – atterrit sur mon bureau à l'initiative du DRPJ[1] d'Ajaccio, Éric Arella. L'affaire Metalor illustre le caractère transnational du banditisme corse. Cette attaque d'une fabrique d'or dans la région de Neuchâtel en Suisse nous fait voyager. Une nuit, trois hommes cagoulés neutralisent et ligotent l'agent de sécurité – qui se révélera par la suite un complice – avant de prendre la fuite avec 668 kilos d'or. Des renseignements nous indiquent que le butin, évalué à 8 millions d'euros, est blanchi avec la complicité de diamantaires anversois. La Belgique, la Suisse... l'affaire nous mène jusqu'à Hong Kong, où le circuit de blanchiment se poursuit. La mise en œuvre d'une coopération étroite avec les collègues étrangers, l'une des constantes des enquêtes JIRS, a permis d'interpeller les auteurs. Des gens d'Aléria proches de la Brise de mer sont au cœur de l'histoire. Ils seront condamnés, mais le butin n'a jamais été retrouvé[2].

Les équipes, qui à l'époque ont une puissance de feu, sont au nombre de trois : la Brise de mer, les Bergers de Venzolasca et le Petit Bar d'Ajaccio. Nous récupérons des dizaines de dossiers, surtout après l'arrivée du nouveau procureur, Jacques Dallest[3], et de son remarquable

1. Directeur régional de la police judiciaire.
2. L'équipe est condamnée en 2010 par la cour d'assises des Bouches-du-Rhône à des peines de cinq à quatorze ans de réclusion criminelle. Porphyre et Ange-Philippe Dominici figurent parmi les principaux condamnés.
3. Voir le chapitre précédent de Jacques Dallest, p. 137.

adjoint, Christophe Barret, aujourd'hui procureur à Montpellier.

Dallest accentue le mouvement voulu à l'origine par les policiers. Il facilite le rapatriement des dossiers corses, avec la conviction que l'acteur mafieux majeur, sur sa vaste zone de compétence, c'est au premier chef les bandes insulaires. Elles développent certes des activités en Corse, mais leur présence sur le continent s'affirme : racket de boîtes de nuit aixoises, trafic de stups, contrôle des marchés publics. En ce qui concerne les règlements de comptes, on se saisit des dossiers, même très anciens, à titre de clefs pour comprendre certaines connexions. Nous savons pertinemment qu'au bout du compte nous avons des chances limitées d'identifier les auteurs.

Le désengagement de l'État

Il convient de resituer le contexte. Pendant de longues années, la priorité a été donnée à la lutte contre le terrorisme, l'État et ses représentants étant menacés. Cette tâche a longtemps mobilisé la quasi-totalité des enquêteurs corses. Les bandes criminelles ont donc bénéficié du désengagement de l'État pendant quelques années. Le recul du terrorisme sous les coups de la justice spécialisée, la bascule de certains de ses acteurs dans le banditisme pur, l'infiltration croissante du secteur économique par les organisations criminelles, l'extension de leurs zones de prédation sur le continent et au-delà ainsi que la violence de leurs guerres ont permis un certain rééquilibrage, espéré depuis longtemps par la DCPJ.

La JIRS en a été l'outil. Il était grand temps ! C'est d'ailleurs en raison de cette avancée historique que nous avons pu réveiller des *cold cases*, considérés comme « morts » judiciairement.

Le dossier qui m'a marqué est sans conteste le dossier Montigny. Le 5 septembre 2001, à Bastia, dans un cybercafé de l'avenue Jean-Zuccarelli, plus connue ici sous le nom de « boulevard du Fango », Nicolas Montigny est assis devant un écran d'ordinateur. Soudain, il est pris pour cible vers vingt heures par deux tueurs : onze projectiles de gros calibre l'atteignent mortellement[1].

Ce jeune homme de 27 ans présente un profil type au confluent du banditisme et du nationalisme. Il a notamment participé à des attentats nationalistes durant ses études. Condamné pour ces faits, il est placé en détention et se rapproche en prison de Jean-Michel Rossi, fondateur avec François Santoni d'Armata Corsa, une dissidence du FLNC qui glisse progressivement vers le grand banditisme.

Rossi, par sa dimension de héros du nationalisme, fascine le jeune Montigny. Dès sa sortie de prison, ce dernier rejoint le mouvement créé en 1999. Puis il navigue entre Armata Corsa et, semble-t-il, des activités illégales plus classiques. Réfugié sur le continent après les assassinats successifs de ses deux mentors, Rossi et

1. L'histoire tragique de Nicolas Montigny a inspiré au réalisateur Thierry de Peretti le film *Une vie violente*, qui a connu un grand succès en 2017.

Santoni, il revient en Corse quinze jours avant son assassinat pour assister aux obsèques de Dominique Marcelli. On découvre en effet le corps à demi calciné de l'ami de Montigny sur un chemin de Moriani, une plage au sud de Bastia. À quelques mètres gît son cousin, Jean-Christophe Marcelli.

Les deux victimes étaient proches de la même mouvance nationaliste. Il est évident que les affaires Montigny et Marcelli sont liées. Dans les deux crimes, on retrouve un dénominateur commun, Jacques Mariani, fils de l'un des fondateurs de la Brise de mer, Francis Mariani, décédé en 2009. Les connexions des victimes avec la nébuleuse « natio » justifient dans un premier temps de confier le dossier à Gilbert Thiel, en charge de l'antiterrorisme corse à Paris. Après une instruction approfondie, Thiel tranche : il estime, avec raison, malgré le profil de Nicolas Montigny, qu'il ne s'agit pas ici d'une affaire terroriste. Le dossier atterrit sur mon bureau. Jacques Mariani, fils de Francis Mariani, l'un des piliers de la Brise de mer, et José Menconi, un truand de haut vol affidé au groupe, tombent pour le double assassinat de Moriani. Mais la cour d'assises du Val-de-Marne les acquitte en 2006.

La chute de la Brise de mer

Reste à savoir ce qu'est la Brise de mer. S'agit-il d'une organisation mafieuse ? Nous constatons que des organisations corses ont des capitaux financiers, bénéficient de circuits de blanchiment, de moyens humains, organisés et hiérarchisés, d'une réelle expérience criminelle. Ils trouvent trop souvent, hélas, des relais dans la vie politique locale, dans la vie économique. C'est cela une mafia. Dans une interview à *Corse-Matin*, un haut magistrat du parquet affecté dans l'île déclare un jour de façon péremptoire : « La mafia corse n'existe pas. » Je m'étonne de ce commentaire à côté de la plaque. J'échange dans la foulée avec Charles Duchaine qui me rétorque avec son humour légendaire : « Il ne la voit pas parce qu'il est assis dessus ! »

D'une façon plus générale, la Corse génère un méli-mélo entre lutte politique et grand banditisme. Le phénomène est notable à partir des années 2000 où certains « natios » basculent clairement du côté obscur, à l'image de Jean-Michel Rossi et de François Santoni. Pourquoi la Brise de mer s'attaque-t-elle à Armata Corsa ? Réponse évidente : l'organisation n'a plus rien à voir avec un mouvement nationaliste. Elle n'est qu'un paravent à des activités mafieuses. On soupçonne Rossi de vouloir supplanter la Brise dans le business des machines à sous en Balagne.

Le procès Montigny, qui se tient en 2008 devant la cour d'assises des Bouches-du-Rhône, dure trois semaines. Il est le détonateur qui provoque l'explosion de la Brise de mer. Ce procès a été vraiment particulier, marqué par des pressions sur les jurés, qui provoqueront l'ouverture d'une instruction distincte et des condamnations. Les trois suspects, proches des accusés, n'hésitent pas à se rendre au domicile de l'un des jurés à Marseille ! Un autre est directement contacté par téléphone. Je gère le dossier et décide de renvoyer tout ce beau monde devant le tribunal. Des condamnations sont prononcées.

Dans le dossier Montigny, les preuves sont accablantes. Nous avons de la téléphonie, des informations très précises, du renseignement, mais nous nous en tenons aux éléments absolument incontestables, notamment matériels. La justice ne retient pas l'implication de Daniel et Alexandre Vittini, pourtant mis en cause au départ. Ce dossier est dur à conduire. Il débouche sur la condamnation de Jacques Mariani à quinze ans de réclusion et de Francis Mariani à sept ans d'emprisonnement. Mais le baron de la Brise, parti en cavale, ne se présente pas au verdict. L'épilogue sanglant de l'affaire Montigny sera l'assassinat de Daniel Vittini, en juillet 2008, près de Corte, si l'on en croit les révélations de Claude Chossat[1].

Je me remémore très précisément ma première rencontre avec Francis Mariani. L'homme en impose par son calme, sa maîtrise. Il se montre toujours respectueux avec moi lors de ses auditions. Il nie, bien entendu, son implication dans l'assassinat de Nicolas Montigny en répétant à l'envi que « ce dossier, c'est de la pipette ». C'était son expression favorite. Tout était de la « pipette ».

Mais sa mort, elle, ce n'est pas de la « pipette ». Un an en effet après le procès Montigny, me voilà saisi d'un dossier étrange, celui du décès de ce même Francis Mariani. Ce 12 décembre 2009, deux corps déchiquetés et difficilement identifiables sont retrouvés gisant dans

1. Voir plus loin, p. 195.

un hangar agricole isolé au milieu des vignes d'Antisanti, un village de 468 habitants niché en Haute-Corse. On découvre sur place des armes, des munitions, des véhicules maquillés et des explosifs. Un commerçant d'Aléria, Charles Fraticelli, gît aux côtés de Mariani.

Contrairement à ce dernier, la victime n'a pas de passé judiciaire. La thèse de la manipulation accidentelle d'une charge explosive est évoquée. Or Francis Mariani est réputé avoir une sainte horreur des explosifs. J'ai ma petite idée sur cette affaire. Mais le dossier étant toujours en cours, je me garde de tout commentaire.

Éviter les fuites

Le travail d'un juge de la JIRS sur le sol corse est complexe. L'un des grands challenges est de garder le secret sur nos investigations. Il est primordial d'avoir recours à des enquêteurs discrets. Tel est le choix du directeur régional de la police judiciaire d'Ajaccio, Éric Arella, qui soutient avec conviction la création et l'action de la JIRS. Avec l'appui du directeur central de la police judiciaire de l'époque, Christian Lothion, un nouveau système est mis en place : l'envoi temporaire, pour des enquêtes ciblées, de policiers du continent issus d'autres DIPJ[1]. La veille des opérations, les effectifs locaux nécessaires sont réunis et informés des

1. Direction interrégionale de la police judiciaire.

objectifs. Mais cela ne fonctionne pas toujours car en Corse, nous constatons toujours un peu de «porosité».

Attention ! Qu'on me comprenne bien : je ne mets pas en cause la compétence et la loyauté des OPJ corses, il y en a de très bons et, j'ajouterai, fort courageux vu le contexte. Leur connaissance du terrain, de l'histoire du banditisme et des liens séculaires entre diverses familles est précieuse. Mais ces hommes-là sont connus, repérés au quotidien, parfois enserrés dans des liens de famille, de village ou de jeunesse ; leur mission est un véritable sacerdoce.

Un jour, je décide en grand secret d'organiser une parade d'identification[1], à Bastia, avec Jacques Mariani. À l'époque, la présence de l'avocat n'est pas exigée dans le cas où le mis en examen n'est pas auditionné. Je ne convoque donc pas son défenseur. Tout se déroule selon un luxe de précautions : extraction par le GIGN, voyage direct par hélicoptère depuis la prison du continent, on sort les grands moyens. Personne n'est au courant, en principe... Eh bien, croyez-le ou non, le jour de la parade, la famille de Jacques Mariani se présente à midi tapant à la porte du commissariat pour savoir s'il est possible de lui apporter son panier repas ! Beau joueur, j'en prends bonne note avec le sourire. J'accepte que le casse-croûte parvienne à son destinataire.

Travailler sur la mafia corse réserve des rencontres étonnantes comme celle du chef présumé de la bande du Petit Bar, Jacques Santoni. Cet homme est tétraplégique

1. La parade d'identification, ou «tapissage», consiste à présenter un groupe d'individus à un témoin dissimulé derrière une glace sans tain. Généralement, des policiers en civil entourent le suspect.

depuis un accident de moto survenu à l'âge de 23 ans. Il vit cloîtré dans son bel appartement ajaccien, muni d'un sas blindé et de caméras. Puis, pour la seule fois dans toute ma carrière, je me rends au domicile d'un suspect pour le mettre en examen. Santoni me reçoit comme un véritable notable, assis sur son fauteuil roulant. Il ne peut bouger ni les bras ni les jambes, seulement quelques doigts. L'homme est fort bien mis, élégant. Il s'exprime avec distinction, sans adopter le moins du monde des manières de voyou. Notre entretien est courtois. Sans préjuger des suites judiciaires, ce personnage n'en est pas moins poursuivi pour avoir commandité l'assassinat en octobre 2010 d'Antoine Nivaggioni, un proche d'Alain Orsoni. Il doit comparaître prochainement devant la cour d'assises des Bouches-du-Rhône. Il est également mis en examen dans le cadre de l'instruction sur l'assassinat d'Antoine Sollacaro et pourrait être renvoyé sous peu devant un tribunal correctionnel pour « association de malfaiteurs ».

Contrairement à d'autres collègues, j'entretiens plutôt des relations courtoises avec mes « clients ». Je suis ouvert à la discussion et je tends l'oreille. Un silence, une hésitation, une confidence ouvrent parfois la porte à des informations croustillantes. C'est ainsi – bénéfice très secondaire... – que j'ai été initié par un voyou pêcheur à la technique de la « moule emboîtée » pour pêcher la dorade.

Plaisanterie mise à part, je m'efforce d'agir avec respect dans le strict cadre de mes attributions. Les relations sont plus compliquées avec les avocats, particulièrement les professionnels de l'île, qui ont accueilli avec hostilité la création des JIRS. Ils critiquent ouvertement cette juridiction, qu'ils qualifient de « spéciale », au sens, bien entendu, des sections spéciales[1] de sinistre mémoire. Ils reprochent aux juges d'agir en connivence avec le procureur, d'être main dans la main avec la police. Bref, de faillir à leur serment d'impartialité...

Concernant ces accusations de connivence, j'en témoigne : certains avocats seraient surpris de la « virilité » de nos échanges avec le parquet. Le contrôle des investigations policières n'a jamais été aussi efficace à mon sens, notamment grâce à la cosaisine et au travail en équipe des juges qui confrontent leurs évaluations des officiers de police judiciaire. Enfin, je rappelle que des demandes d'investigation peuvent être sollicitées par la défense. Nos décisions sont toujours soumises au débat contradictoire et susceptibles d'appel.

Ces mêmes avocats mènent une guérilla qui se traduit par une défense de rupture. Je constate une grande – trop grande ? – proximité avec leurs clients. L'avocat est, au choix, celui de la Brise de mer, des Bergers de Venzolasca ou du Petit Bar. Aucune robe noire insulaire ne semble interchangeable, comme on entre en religion, on ne passe pas d'une équipe à l'autre. Mais y a-t-il une autre option possible dans ce contexte corse ? Je reconnais en revanche que ces avocats travaillent leurs dossiers, de manière souvent intelligente.

Cela étant, ces professionnels font feu de tout bois en dehors du cadre judiciaire, cherchant constamment à

1. Mises en place sous Pétain, ces juridictions d'exception ont condamné à la peine de mort résistants et communistes, en vertu d'une loi rétroactive contraire aux principes du droit pénal français.

déstabiliser le juge. Je ne le leur reproche pas, ni même ne m'en offusque. Je sais qu'il va falloir travailler. Et surtout garder son sang-froid. Ces défenseurs développent notamment une stratégie de communication *via* la presse généraliste, particulièrement *Corse-Matin*. Ils actionnent aussi d'autres leviers comme la Ligue des droits de l'homme locale, qui a parfois défendu des causes hasardeuses, voire perdues.

Je veux revenir sur mes relations avec Antoine Sollacaro, assassiné en octobre 2012 à Ajaccio. Nous nous rapprochons l'un de l'autre en raison d'un fait précis : nous avons des mères du même âge, qui souffrent toutes deux de graves ennuis de santé. Cet homme voue, comme beaucoup de Corses et moi-même, une admiration infinie à sa mère. Nos dialogues sont sincères, empreints d'humanité. Bien loin de nos violents affrontements procéduraux. J'aimerais dire une nouvelle fois que son assassinat et celui de Marie-Jeanne Bozzi, maire de Grosseto-Prugna, marquent par leur sauvagerie un véritable tournant. C'est le signe évident que quelque chose a changé sur l'île de Beauté. Plus personne n'est intouchable.

Ma rencontre avec Marie-Jeanne Bozzi me revient en mémoire. Ce jour-là, je l'entends dans le cadre de l'information sur l'association de malfaiteurs en vue de l'assassinat d'Alain Orsoni. Les Bozzi sont réputés proches du clan Colonna. Plusieurs membres du Petit Bar seront condamnés par la suite dans cette affaire[1].

1. En janvier 2011, plusieurs membres du clan, dont les frères Jean-Toussaint et Ange-Marie Michelosi, sont condamnés par la 7e chambre correctionnelle du tribunal de Marseille. Le premier écope de cinq ans de

Le dossier est dit «du stade», car Alain Orsoni est depuis quelque temps officiellement président du club de foot de l'Athletic Club ajaccien (ACA) et que les faits se déroulent à proximité de son enceinte. Marie-Jeanne Bozzi respire la bourgeoisie ajaccienne. C'est une notable qui s'exprime avec distinction et toujours un grand respect. Les apparences peuvent être trompeuses, mais j'avoue que je suis stupéfait que des truands soient capables de tuer froidement cette femme. Et dans le dos !

Fort heureusement des moments plus légers, voire cocasses, éclairent mes fonctions. Le ton monte lors d'une confrontation houleuse entre deux pointures du Milieu corse. Soudain les deux avocats présents s'invectivent violemment. Ils menacent d'en venir aux mains. Eh bien ce sont leurs clients qui les ramenent à la raison : «Maître, ce n'est pas ici que l'on va s'expliquer», s'exclament-ils, momentanément réconciliés. D'un coup, les avocats se calment.

Des acquittements inattendus

La tension est à son comble en revanche dans le dossier Orsoni. Alain Orsoni est un dirigeant historique du FLNC, par la suite entré en dissidence. Le fondateur du MPA[1] est mis en examen pour complicité d'assassinat et incarcéré dans un dossier tentaculaire concernant

prison pour association de malfaiteurs, le second de deux ans pour détention d'armes.

1. Voir le chapitre 1 de Roland Mahy, p. 29.

plusieurs assassinats de jeunes gens liés à la bande dite du Petit Bar, notamment ceux en janvier 2009 de Thierry Castola et Sabri Brahimi[1]. Plusieurs informations judiciaires sont ouvertes, puis jointes dans un seul et même dossier traité par trois juges de la JIRS.

Le charismatique Alain Orsoni se révolte à la suite de l'interpellation de son fils en 2010, à Madrid, dans un centre téléphonique. Guy Orsoni était en fuite, sous mandat d'arrêt, et s'apprêtait à rallier l'Afrique. Il ignorait que nous l'avions géolocalisé au cours d'un appel passé à son père depuis le même endroit. J'ai le souvenir d'une instruction d'une exceptionnelle dureté, ponctuée d'une longue grève de la faim de Guy Orsoni et d'une noria de requêtes en suspicion légitime qu'un huissier tremblant venait régulièrement notifier à mon cabinet.

Jusqu'au bout, la chambre de l'instruction de la cour d'appel d'Aix-en-Provence me soutient. L'instruction se poursuivra sans moi après mon départ pour Paris en juillet 2012. Dans ce dossier, le travail d'enquête est considérable et particulièrement minutieux. De nombreuses demandes d'actes sont sollicitées par les avocats. Elles sont pour la plupart acceptées, entraînant de multiples vérifications. Le renvoi devant la cour d'assises m'apparaît aujourd'hui justifié, mais le procès

1. Guy Orsoni est acquitté des faits d'assassinat par la cour d'assises d'Aix-en-Provence, mais condamné à huit ans de prison pour « association de malfaiteurs ». L'affaire fait l'objet d'un appel du parquet, désormais prescrit du fait d'une erreur de procédure. L'acquittement est donc définitif.

s'est conclu par un échec : un acquittement pour les chefs d'assassinats !

Avons-nous commis des erreurs d'appréciation ? Lesquelles ? Les procès et les motivations des décisions judiciaires révèlent, en général, les manques de l'instruction. Mais, pour un motif de procédure, l'affaire n'a pu être réexaminée en appel[1], j'aurais préféré avoir le fin mot de cette histoire. La justice est passée.

Tous ces événements démontrent les difficultés des juges chargés de dossiers de grand banditisme. À la sortie, des faits qui ont nécessité des investigations fort complexes, bien souvent en l'absence d'aveux, sont examinés par des jurés populaires. J'ai à ce propos des échanges avec des collègues italiens, car je me rends régulièrement en Italie. Ils déplorent que des affaires impliquant la mafia soient en bout de course jugées par des tribunaux ordinaires, souvent soumis à la corruption, ou tout simplement gagnés par la peur. J'entends déjà les cris de protestation en France. Mais ne faudrait-il pas envisager une cour d'assises spécialement composée de magistrats professionnels pour les affaires de criminalité organisée, à l'instar des dossiers terroristes ?

1. En septembre 2015, la Cour de cassation déclare les acquittements définitifs, malgré la demande d'appel formulée par l'avocat général Pierre Cortès, au motif que ce dernier a commis une erreur dans la rédaction de son acte d'appel.

Chossat, le repenti

La rencontre avec Claude Chossat, devenu par la suite un précieux collaborateur de justice, est un moment marquant de mon passage à la JIRS. Ce Corse n'a pas bénéficié officiellement du statut de repenti en raison, semble-t-il, du retard pris dans les décrets d'application de la loi Perben II. Le monde judiciaire français pâtit d'une véritable résistance culturelle à accepter franchement la politique du repenti. S'agit-il d'un reste de notre « culture du châtiment » ? D'un manque de pragmatisme ? Les Italiens – dont on connaît pourtant la ferveur chrétienne – nous ont pourtant démontré son efficacité.

Chossat est l'homme à tout faire de Francis Mariani. Il conduit les voitures, organise les déplacements, les hébergements, veille à la sécurité, achète des armes. Refugié en Suisse après la mort violente de Francis Mariani, puis soupçonné par les proches de la Brise d'avoir joué un rôle trouble dans l'affaire du hangar, il se retrouve vite dans la tourmente. Des éléments matériels l'impliquent également dans plusieurs affaires, dont l'assassinat de Jean-Claude Tasso en 2008, à Aix-en-Provence.

Chossat et Mariani, qui se trouvent en planque à proximité d'une boîte de nuit, voient passer Tasso. D'après le « repenti », c'est pure coïncidence. Poursuivi, Tasso est abattu de trois balles. Cet homme lié au banditisme insulaire décède à l'hôpital. Idem pour l'assassinat de Daniel Vittini, pour lequel Chossat aurait été utilisé à son corps défendant par Francis Mariani. Celui-ci l'envoie comme messager auprès de Daniel

Vittini afin de lui donner le lieu et l'heure du rendez-vous… mortel. Chossat n'aurait pas assisté à l'exécution mais rapporte que Francis Mariani aurait contraint Vittini à se mettre à genoux avant de l'abattre[1].

Il est de même acquis que Chossat se trouve aux côtés de Francis Mariani en avril 2008 quand ce dernier, s'appuyant sur un muret, tire une rafale sur son grand rival, Richard Casanova, à la sortie d'un garage de Porto-Vecchio.

Toute cette guerre commence par une tentative d'assassinat de Francis Mariani un an auparavant. Circulant à la nuit tombée à bord de sa Porsche 996 RS GT3, il essuie une série de coups de feu à proximité de sa propriété de Sant'Andrea di Cotone[2]. Plusieurs projectiles touchent la bête de course. Une balle blesse le conducteur au bras. Ce pilote chevronné parvient à accélérer, puis à fuir.

Une part d'irrationnel marque cette histoire. Pourquoi Richard Casanova veut-il assassiner Francis Mariani ? Le contentieux semble remonter à l'affaire du casse de l'UBS à Genève en 1990[3]. Puis se dessine par la suite une guerre pour le contrôle d'Ajaccio après le déclin du clan Colonna.

Pour revenir à Chossat, il admet que la situation lui échappe, qu'il a perdu tous ses soutiens. Il ne peut que

1. Claude Chossat, dans son livre *Repenti* (Fayard, 2018), relate que Francis Mariani a abattu son ami de trente ans de deux balles dans le dos, trois dans le ventre, et deux dans le coude car la victime à genoux cherche à se protéger. Il est par la suite achevé de deux balles dans la tête.

2. Francis Mariani était un pilote émérite, passionné de sport mécanique.

3. Voir le chapitre 1 de Roland Mahy, p. 25.

négocier avec les policiers. Profitant de cette fragilité, les enquêteurs le «retournent». Chossat devient du coup une clef essentielle dans la compréhension des dossiers insulaires et du fonctionnement interne de la Brise de mer.

À ma connaissance, toutes ces affaires sont en cours – Claude Chossat les a longuement évoquées dans son livre[1], une démarche exceptionnelle. J'attends avec grand intérêt la réponse donnée par l'institution judiciaire à un tel parcours de vie.

Gérer l'ensemble de ces dossiers de grande criminalité n'est pas une sinécure. Une anecdote dans le dossier du hangar. Je reçois, sur leur demande, des membres de la famille de Francis Mariani. Ils me lâchent qu'ils disposent de renseignements sérieux sur les auteurs du crime. Je leur demande alors benoîtement de me communiquer ces informations : «C'est votre père tout de même !» La réponse m'abasourdit : «On n'est pas des balances.» La famille refuse d'ailleurs de se constituer partie civile. Vous avez là un concentré de nos difficultés. Nous évoluons dans un autre monde.

Pourtant, contrairement à ce que laisse à penser l'attitude des proches de Francis Mariani, l'omerta est un mirage : on n'hésite pas à balancer chez les voyous ! Loin de la légende, il n'existe pas de solidarité à toute épreuve. Chacun joue pour ses intérêts. J'évoque ici des discussions à bâtons rompus, on parle, mais on n'écrit pas, on pose les crayons sur la table... Il n'est pas rare qu'un dialogue singulier naisse entre le mis en cause et

1. *Repenti*, *op. cit.*

« son » juge, curieux mélange de défiance/confiance. La manipulation est toujours possible mais, pour négocier un lieu de détention, des autorisations de visite ou de travail, voire pour se montrer sous un jour plus favorable, certaines informations nous sont livrées, comment dire, de manière « inopinée ».

Rappelons que notre procédure est écrite. Seul compte le procès-verbal versé en procédure. Ces confidences en *off* restent pourtant précieuses, parfois cruciales, même s'il faut parfois les prendre avec des pincettes. Quelquefois elles confirment ou infirment une orientation d'enquête. En fait, nous, juges, en savons beaucoup... Des révélations qui ne seront jamais écrites. La juridiction de jugement n'en percevra jamais rien. Mais un tel cas de figure survient à la condition que l'intéressé soit convaincu de la loyauté du juge, qu'il est « réglo ». De toute manière nous n'aurons pas d'écrit. La règle est donc la suivante : pas d'entourloupe, pas de petit procès-verbal rédigé en douce par le juge. Il serait aussitôt contesté !

Nos échanges avec Chossat sont constructifs. Face à nous se débat un homme au bout du rouleau qui a une famille et qui veut s'en sortir. Dans la période, d'autres mis en cause commencent à parler. Quand je dis parler, je fais référence à des procès-verbaux en bonne et due forme, et signés. Hélas ! la fenêtre se referme rapidement. Le coup ne vient pas, cette fois, de nos adversaires.

Un article met en péril l'enquête

Je réagis fort mal à un article du *Monde*[1]. Cet article a livré en pâture au grand public des noms et des aveux que nous souhaitions garder secrets quelque temps afin de protéger les investigations qu'ils entraînent. Je suis profondément indigné. Une vraie colère. Je me souviens d'une longue conversation avec Jacques Dallest. Je le sollicite pour agir sur-le-champ par une plainte. *In petto* je sais pertinemment que la démarche n'a que peu de chances d'aboutir. Mais je veux lancer un avertissement. J'explique dans une note que ce type de révélations met en péril des personnes, dont l'aide nous est précieuse, et donc l'enquête par ce message en creux, sans doute involontaire, du journaliste : «Celui qui parle aura son nom dans la presse.»

Et le message est bien reçu : lors de l'audition suivante, l'un des intéressés dégaine l'article du grand quotidien du soir. Je me retrouve alors face à un mur. Je lui fais part de ma compréhension, de ma réaction indignée, puis je l'incite à persévérer : peine perdue, c'est fini… Cette litanie de morts violentes, souvent d'hommes très jeunes, tout ce sang versé pour des motifs strictement crapuleux, parfois insignifiants, nous

1. «Des aveux font le lien entre l'affaire Alain Orsoni et la guerre dans le Milieu corse», Yves Bordenave et Jacques Follorou, *Le Monde* du 23 mai 2009. Plus récemment le grand quotidien du soir s'attire les foudres de certains avocats en révélant l'existence d'un repenti à l'origine de l'élucidation du double assassinat de Jean-Luc Codaccioni et Antoine Quilicchini en décembre 2017 à l'aéroport de Bastia-Poretta.

voulons tous l'arrêter. J'ai ainsi vécu cet épisode de l'article du *Monde* comme une trahison.

Michel Tomi, « l'Africain »

À la suite des assassinats de Marie-Jeanne Bozzi et de l'avocat Antoine Sollacaro, en octobre 2012, nous basculons dans une sauvagerie de moins en moins contrôlée. Cette violence, cette barbarie ressurgit dans les assassinats des jeunes présumés liés à la bande du Petit Bar. Quand on parle de mafia, on évoque une imprégnation forte dans le tissu économique corse. Pourquoi tuer le président de la chambre de commerce d'Ajaccio, Jacques Nacer[1] ? La réponse est limpide : pour tenter de mettre un autre à sa place.

Or la question financière doit être une priorité dans la lutte contre le grand banditisme corse. Nous affrontons un banditisme mafieux parvenu à maturité. Nous disposons désormais de nouveaux outils, de nouveaux moyens de rétorsion comme la saisie des avoirs criminels et du patrimoine. Je prends l'exemple de Farid Berrhama[2], dit « Farid le rôtisseur », exécuté en avril 2006 par un commando insulaire dans la fameuse tuerie des Marronniers à Marseille. On va s'intéresser à ses investissements et à son patrimoine.

1. Le président de la Chambre de commerce de Corse-du-Sud est abattu en novembre 2012 dans sa boutique de la rue Fesch à Ajaccio, selon un scénario comparable à celui de l'exécution d'Antoine Sollacaro.

2. Voir le chapitre 8 de Nicolas Bessone, p. 245.

Remonter les différents circuits de blanchiment réclame un travail de longue haleine, sur le long terme, qui peut durer huit ou dix ans. Le nom de Michel Tomi au cœur des réseaux Corsafrique est souvent évoqué. Nous connaissons ses liens familiaux avec Richard Casanova et son beau-frère Jean-Luc Germani. Des liens dont il ne se cache pas. Mais est-ce suffisant pour faire de Tomi un parrain, de l'impliquer dans telle ou telle affaire ? Traiter les affaires corses équivaut à pénétrer dans un inextricable labyrinthe dont on ne voit jamais la sortie. Dès le départ, il convient de se poser la bonne question : où est le chemin de la vérité ? C'est l'allégorie de la caverne revisitée, rien n'est plus facile, voire tentant, que de confondre les ombres avec la réalité.

Peut-on dire, comme certains l'ont si souvent écrit, que la criminalité corse bénéficie durant des années d'une sorte d'impunité ? J'affirme le contraire. Le banditisme corse est l'objet d'un réel traitement judiciaire, la DCPJ comme la DRPJ d'Ajaccio n'ont pas ergoté. J'estime notre action positive durant ces années de braises, de nombreux dossiers sont traités, un nombre significatif d'entre eux aboutit. Je suis convaincu que nous avons mis un coup de frein au délire mortifère qui frappait l'île. Mais il nous manque un véritable traitement de l'aspect financier, car nous mesurons encore mal l'ampleur du phénomène. Ces criminels investissent très largement la société corse et bien au-delà.

Attention au retour en arrière !

La JIRS peut-elle, à elle seule, régler tous les problèmes de l'île ? Je ne le crois pas. J'entends parler, de façon récurrente, d'un désinvestissement progressif de la JIRS de Marseille dans les affaires corses. Cela m'inquiète. Nous avons vécu une période assez formidable au début des années 2000, marquée par la mise en place de moyens et d'outils cruciaux. Adosser les JIRS à un bassin de criminalité témoigne alors du souci de développer une politique pénale à partir pour la première fois d'une fine analyse judiciaire et criminelle.

Un mouvement inverse prône de tout centraliser sur Paris en créant une JIRS unique. La pertinence de ce projet ne me saute pas aux yeux. Cette apparente rationalisation présente le risque de multiplier les filtres jusqu'à la saisine de la JIRS, et éloigne juges et procureurs du terrain. Le volume d'affaires, la diversité des bandes criminelles, de leur histoire et de leur culture, ne peuvent être traités à l'instar du terrorisme.

Le choix de Marseille est pertinent. Quand la JIRS s'installe, elle s'inscrit dans une histoire un peu mythique du banditisme corso-marseillais avec les fantômes de Spirito et Carbone, des frères Guerini.

Nous traversons maintenant une période complexe avec l'émergence de nouvelles équipes. La Brise est en pleine déconfiture. Casanova mort, son beau-frère Jean-Luc Germani aurait pris le relais pour organiser le nettoyage[1]. Je dois bien constater aujourd'hui la disparition

1. *Ibid.*

de la première génération de la Brise, Maurice Costa, Francis Mariani, Pierre-Marie Santucci, Georges Seatelli et bien d'autres. Les condamnations de Jacques et Francis Mariani ont fait exploser la Brise de mer, qui bénéficiait jusque-là de relais de poids dans la sphère politique et économique.

Mais le combat continue : les enfants de la Brise sont aussi inquiétants que leurs parents ! Prenons l'exemple de l'assassinat en décembre 2017 d'Antoine Quilicchini et de Jean-Luc Codaccioni à l'aéroport de Bastia-Poretta. L'affaire met en scène les héritiers, Christophe et Richard Guazzelli, Jacques Mariani et Ange-Marie Michelosi, tous fils de barons du crime, eux-mêmes assassinés.

Ce n'est guère encourageant pour les Corses.

7

Guillaume Cotelle, l'engagé

Bourguignon, issu de la promotion ENM 2002, Guillaume Cotelle est un homme de défis. En 2005, il accepte le poste peu convoité de juge d'instruction à Bastia. La Corse a manifestement mauvaise réputation. Trop compliquée, trop chaude. Il y demeure pourtant trois ans. Trois années qui provoquent chez lui une prise de conscience, celle de l'emprise d'une organisation omnipotente, dont l'évocation seule génère un malaise, la Brise de mer.

Le magistrat témoigne du poids de cette « mafia corsica » et d'autres gangs, rivaux ou alliés selon les circonstances et les époques, du nord au sud de l'île. Leur porosité avec certaines mouvances nationalistes l'interpellent. Tout semble se jouer autour des flux financiers, terrain de chasse privilégié de ce jeune magistrat qui ne redoute pas de s'engager dans la lutte contre le blanchiment.

Grand amateur de sport, Guillaume Cotelle a besoin d'air après ses années insulaires. Direction Nice, en 2008, pour plonger dans les arcanes glauques d'une Côte d'Azur où les mafieux corses ont largement investi. Puis, en 2012, il gagne la JIRS économique et financière de Marseille, où il hérite une nouvelle fois de dossiers insulaires.

Mais, englué sous les pressions, l'ambiance lourde, parfois étouffante même loin de l'île, victime des choix de justice pénale qui s'avèrent en 2017 peu propices à la valorisation des enquêtes de la JIRS, et du renoncement politique à élaborer une véritable stratégie de lutte contre le crime organisé, il fait le choix de retrouver une vie de magistrat plus paisible.

« Laissez tomber la Corse, vous allez vous y perdre ! »

Je débarque à Bastia en 2005 pour occuper un poste de juge d'instruction. Le pôle financier, créé à la suite de l'assassinat du préfet Claude Érignac, souffre d'anémie après le départ de Charles Duchaine, dont le poste est laissé à l'abandon – une situation qui illustre l'incohérence des politiques pénales menées dans l'île. Cet éminent collègue a marqué son passage à Bastia par de nouvelles méthodes d'investigations financières. Il a impulsé une dynamique aussitôt freinée avec sa mutation à la JIRS de Marseille. Seulement deux juges d'instruction sont en poste à mon arrivée dans un service qui en comptait quatre un an auparavant... Mes collègues m'accueillent alors avec un plaisir non dissimulé, et me dispensent des conseils avisés.

Me voilà donc sous les grands platanes de la place Saint-Nicolas, très vite confronté à la réalité de l'île. Nous sommes chaleureusement accueillis avec ma compagne par les Corses qui nous transmettent leur vécu insulaire, leur vérité. Cet attachement ancestral à des valeurs traditionnelles très fortes, très ancrées – comme le respect de la famille, matrice du fonctionnement de la société insulaire –, me touche profondément. Je suis particulièrement sensible à la démarche de ces insulaires en qui je trouve une véritable famille. Tous ces Corses-là, je les appellerai « mes amis », sans détailler davantage car j'ai le désir de les préserver. Aucun d'eux ne verse évidemment dans la partie obscure.

Cette partie obscure masque parfois malheureusement le décor idyllique de cette île, surnommée dans l'Antiquité « Kallísté » (« la plus belle » ou « la très belle »). Des pratiques jugées naturelles en Corse ne le sont pas sur le continent. Certains fonctionnements locaux renvoient au clientélisme qui relève d'une tradition ancestrale de l'entre-soi et de la recommandation *in personam* et dégénère rapidement en népotisme dans les relations institutionnelles.

Le double jeu des nationalistes

Il est donc essentiel pour un magistrat – au-delà d'un premier contact très agréable – de bien évaluer les relations de proximité que l'on peut rapidement entretenir avec les uns et les autres. Il convient de se montrer vigilant sur ses fréquentations. Une règle d'or : demeurer prudent et évasif sur le contenu de son travail.

Interrogez les magistrats qui ont travaillé dans l'île, ils se divisent en deux catégories : ceux tout d'abord qui affirment que le fonctionnement de la justice est normal, « comme partout ailleurs » – ceux-là font le choix de s'en tenir à l'écume des choses ; d'autres, plus pugnaces, veulent analyser les rouages en profondeur et traquer les véritables responsables – ces juges-là prennent alors le risque de coincer les réels décideurs qui se tiennent derrière les exécutants, ceux qui tirent les ficelles.

Les mêmes groupes mafieux se dessinent derrière les homicides, les extorsions, les détournements de fonds publics, les affaires de corruption… Cette omniprésence du banditisme, au-delà des frontières du monde interlope, pénètre toutes les sphères de la société, au cœur même de l'économie et de la politique.

Le problème est que sur l'île fort peu de dossiers permettent de toucher de près cette réalité. Localement, les obstacles sont trop nombreux pour atteindre les bandits les plus influents, calfeutrés derrière les dossiers sensibles.

La contestation de la légitimité de l'État et sa gestion erratique de la problématique nationaliste, associées à certaines coutumes insulaires, ont rapidement abouti à la formation d'un terreau fertile à la montée en puissance du crime organisé. La mainmise des voyous sur des secteurs clefs de l'économie me marque profondément au cours de mon séjour, ainsi que le double jeu des nationalistes, dont l'emprise dans certains secteurs, tel celui de la sécurité, me choque également. Certains pseudo-militants versent même dans le grand banditisme et les attaques de fourgons. Il y a là une sorte d'imposture. D'autres n'hésitent pas à clamer leurs véritables ambitions, à l'instar de ces « natios » qui, lors de surveillances téléphoniques, s'échangent la bonne combine pour pouvoir construire leurs villas en bord de mer. Il n'est alors question que d'argent, on est loin de la lutte politique…

Des affaires dorment dans le placard

Dès le premier jour de ma prise de fonction au palais de justice de Bastia, je plonge dans le vif du sujet. L'interrogatoire de première comparution se déroule dans un bureau mal climatisé, alors que nous sommes fin août 2005, accablés par une chaleur écrasante. Il concerne une affaire dans laquelle des petites coupures de plusieurs centaines de milliers d'euros ont été découvertes à l'intérieur de sacs-poubelle, entreposés dans le garage du suspect. Le lien est rapidement établi avec un braquage de fourgon sur le continent.

La formidable énergie déployée pour saper notre enquête – témoignages de complaisance, alibis exotiques, pseudo-cavale à l'étranger – préfigure déjà nos difficultés dans la lutte contre la Brise de mer. À travers cette affaire, l'organisation affiche déjà sa puissance et son entregent. Je me souviens également d'un protagoniste issu du continent qui, après sa garde à vue et son déferrement en mon cabinet au cours desquels il livre quelques aveux, supplie au moment de sa mise en liberté que l'escorte policière reste avec lui, au moins jusqu'à l'aéroport de Poretta !

Mon poste est longtemps demeuré vacant. Personne n'a candidaté parmi mes collègues, sans doute effrayés par la difficulté d'exercer convenablement ses fonctions dans cette île à la fois superbe et oppressante. C'est ainsi que de nombreuses d'affaires dorment dans le placard. L'arrivée d'un nouveau juge d'instruction répond donc à une forte attente.

Une initiation s'impose. Gilbert Thiel, magistrat spécialisé dans la lutte antiterroriste en Corse, est un précieux contact. Ce Lorrain guerroie depuis des décennies contre les clandestins. De mon côté, je gère à Bastia des dossiers économiques et financiers qui visent directement des nationalistes qui ont pignon sur rue. Nos échanges sont fructueux.

Mes contacts avec la JIRS de Marseille sont tout aussi fréquents. Au fil du temps, j'appréhende de mieux en mieux le fonctionnement des réseaux terroristes et leurs connexions avec ceux du grand banditisme. Plusieurs mois sont nécessaires pour comprendre les arcanes de cette nébuleuse mafieuse. Délocaliser les affaires les plus sensibles à la JIRS de Marseille se révèle vite salutaire. Il est quasiment impossible d'instruire en Corse contre des membres éminents du banditisme, encore moins d'y faire juger leurs affaires !

Car l'île fonctionne selon une inversion des valeurs. Le crime est érigé en valeur étalon, le criminel en modèle. Le peuple a parfois davantage de considération pour le voyou que pour le représentant de l'ordre.

Pressions tout-terrain

Un élément est très spécifique au banditisme corse : on ne verse pas dans la délinquance organisée par nécessité – en raison d'une situation sociale précaire –, mais par choix, par opportunité. L'activité interlope est un étalon social. L'hérédité joue également un rôle. Les malfaiteurs ne cessent de clamer qu'ils se sont « rangés des voitures » après avoir mis leur famille à l'abri de toute difficulté financière. Mais leurs fils ne peuvent s'empêcher de reprendre le flambeau. Un point de départ essentiel dans nos enquêtes[1].

Ces hommes de poids ont droit de vie et mort sur la population corse. Ils sont, en revanche, pour la plupart fort corrects dans leurs rapports avec nous. Le magistrat, identifié dans son rôle spécifique, est un personnage clef du monde du banditisme. Il est respecté par les voyous si sa compétence, sa rigueur et sa sévérité sont compensées par son humanisme et sa loyauté. Appliquer la loi sans états d'âme, mais de manière uniforme en respectant les individus, est toujours apprécié par les « bandits d'honneur ». Je me souviens des témoignages de sympathie de la part de mes détenus lors de mon départ de Corse. Je recevrai incidemment dans mon cabinet, plusieurs années plus tard, des gens traités à Bastia. Je ne sais pas comment exprimer cela, c'est un peu bizarre, mais nous sommes, comment dire, contents de nous revoir… Une forme de respect réciproque.

1. Voir le chapitre 6 de Claude Choquet, p. 193.

Attention, cette attitude très *gentleman* n'est pas forcément commune à tous les membres du banditisme corse. Certains ne connaissent aucune limite. Leur notion de l'« honneur » peut m'entraîner sur un terrain glissant... Tout ce contexte sensible – avec en point d'orgue l'assassinat en 1998 du préfet Claude Érignac – me pousse à formuler une demande de port d'arme, comme le prévoient les textes. Puis, presque naturellement, j'en viens à m'inscrire à un club de tir et à m'entraîner. Une attitude symbolique de l'ambiance poisseuse qui règne à Bastia à l'époque.

En 2007, je parviens à mettre en détention un dangereux malfaiteur au terme d'une longue instruction. Quelque temps plus tard, quel n'est pas mon étonnement de découvrir devant mon domicile un récépissé de dépôt de lettre recommandé sur lequel figure le nom de ce même individu... Pour moi, il est clair qu'il ne s'agit pas d'un hasard, mais d'un message destiné à me déstabiliser.

Ce climat pèse sur ma vie et celle de ma famille. C'est l'une des raisons de mon départ pour assurer à Nice des fonctions plus « classiques ». Par la suite, j'intégrerai la JIRS de Marseille où je reprendrai les affaires corses avec davantage de recul et de moyens. En effet, cette nouvelle affectation m'offre le double luxe d'être à distance de la Corse – ce qui atténue les pressions en tout genre – et me permet – en théorie du moins – de disposer d'effectifs spécialisés et de techniques plus développées afin de me concentrer sur les affaires de banditisme les plus graves et les plus complexes.

Mais retournons à mon séjour sur l'île. En 2005, nous nous installons avec ma compagne à San Martino di Lota, un merveilleux village situé dans le Cap, à quelques kilomètres au nord de Bastia. Chaque matin, je me rends au palais en empruntant cette route magique qui longe la mer bleue comme l'azur. Les rochers sont magnifiques, la vue sur l'île d'Elbe imprenable. On est loin de l'agitation des grandes villes du continent. Une aubaine pour un sportif comme moi : mes week-ends sont ainsi rythmés par le VTT ou des activités nautiques avec des amis souvent corses. Je ressens le besoin de me défouler afin d'évacuer la pression et d'échapper au climat anxiogène de l'île.

Pour résumer, être magistrat instructeur en Corse implique de suivre trois principes : profiter au maximum des avantages que procure l'île en matière de nature et d'environnement ; retourner régulièrement sur le continent ; et, encore une fois, le plus important, bien veiller à la qualité de ses relations.

Mais il devient presque impossible d'éviter les dégâts collatéraux. Prenons le cas de ma compagne, qui postule pour un poste à plein temps dans un établissement de santé connu de Bastia. Sa candidature initialement retenue est rapidement écartée lorsqu'elle précise l'emploi de son conjoint. Un épisode emblématique de cette méfiance endémique envers l'autorité judiciaire.

Cela me rappelle également l'interpellation d'un membre éminent de la Brise de mer dans une affaire de machines à sous. Plusieurs personnes sont en garde à vue dans le cadre de cette enquête. Je me montre donc confiant sur la suite des événements. Pourtant, à ma grande surprise, le principal intéressé est remis en liberté pendant sa garde à vue. Cette décision est prise sur la base de justifications qui ne correspondent pas – mais alors pas du tout ! – à la lecture du dossier… Cherchez l'erreur.

Au téléphone, le directeur d'enquête me semble franchement gêné : il m'explique, penaud, qu'il est vraiment désolé. Trop d'éléments à décharge accumulés au cours de la garde à vue justifient cette remise en liberté… Quelques semaines plus tard, pourtant, je tombe de ma chaise en prenant connaissance du détail de la procédure. Je constate avec effarement que tout ce qu'affirme l'enquêteur a été minimisé, voire tronqué ! Il existe des charges réelles contre le suspect.

Ébahi par cette affaire, j'ai une explication dans mon bureau avec ce même enquêteur, lors de laquelle je découvre le pot aux roses. Il me confie avoir été directement l'objet de menaces sur sa femme et sa fille à son domicile, alors même que se déroulait la garde à vue ! Paniqué, il a obtenu que le suspect soit relâché.

Au final, heureusement, je contournerai cette difficulté par une mise en examen, après convocation par courrier de l'intéressé. Désormais, j'impose de nouvelles règles, j'exige un dépôt de l'intégralité de la procédure avant toute mesure de garde à vue…

J'assiste – et j'insiste sur ce point – à des événements insupportables dans l'exercice de mon métier en Corse. Je pense en particulier aux fuites récurrentes dans les procédures, qui imposent de prendre d'infinies précautions, de travailler en vase clos. Mais ces précautions ne sont pas toujours totalement efficaces : en 2007, nous programmons ainsi un coup de filet contre des bars de Bastia dans une autre affaire de machines à sous impliquant feu Christian Léoni. Or, la veille au soir, toutes les machines sont déménagées ! Du coup, nous faisons chou blanc lors de la perquisition, un peu comme dans la fameuse scène du film *Les Incorruptibles*[1] où Kevin Costner *alias* Elliot Ness pénètre dans un entrepôt d'Al Capone totalement vide…

Les ripoux

La corruption endémique des institutions en Corse est bien connue. Mais elle surprend toujours quand on s'y frotte concrètement. Cette gangrène se diffuse à tous les niveaux, y compris dans les locaux de la préfecture ou du tribunal. Quand je parle de corruption, il s'agit avant tout de clientélisme. Par exemple, un individu qui en connaît un autre du même village et lui rend service en échange d'autres avantages en retour. Des surveillances téléphoniques nous apprennent ainsi que des voyous, afin d'obtenir des renseignements sur l'immatriculation d'un véhicule et pouvoir « filer » certaines personnes, appellent tout simplement leurs proches au service des cartes grises. J'ai également trouvé dans la poche d'une victime d'homicide la liste des jurés qui siégeaient sur une affaire à la cour d'assises ! En outre, lors d'une perquisition, bouquet final, j'ai mis la main sur

1. Film de Brian De Palma, sorti en 1986.

l'ordonnance, évidemment totalement confidentielle, qui concernait l'un de mes dossiers.

D'autres souvenirs extravagants me reviennent en mémoire. Je pense à un dossier de corruption, *in fine* délocalisé : un ancien policier, propriétaire d'un établissement de nuit, surgit au cœur de l'histoire. Il est le discret associé d'un baron de la Brise de mer lorsque celui-ci est l'objet d'une tentative de meurtre. Lors de l'interpellation de cette figure du grand banditisme, l'ex-policier fonce «maladroitement» dans la voiture de ses collègues qui s'apprêtent à appréhender ce membre influent du «premier cercle» de la Brise. L'«associé» couvre ainsi la fuite de son ami voyou ! J'ignore l'épilogue de cet incident, mais cette affaire n'est pas la seule à m'interpeller sur le rôle ambigu de certains membres des forces de l'ordre.

J'ai également le souvenir d'un cadre de la sécurité publique qui trempe dans des histoires louches et à l'égard duquel il est nécessaire de surveiller toute demande d'autorisation d'écoutes téléphoniques. À l'époque, ces autorisations sont adressées par fax. Or, en général, il n'y a qu'un fax par service. Nous donnons alors systématiquement un coup de fil pour savoir si le document est bien arrivé à destination. Ce n'est vraiment pas discret. Nous savons que ce fameux cadre de la sécurité publique est forcément au courant de chaque mise sur écoute…

Plus récemment, un enquêteur de la gendarmerie est tombé pour avoir revendu la drogue qu'il avait lui-même saisie lors d'une de mes affaires… après avoir réalisé un faux procès-verbal de destruction !

J'apprends également que ce « ripou » est jugé pour avoir monnayé le placement sur écoute téléphonique de diverses personnes à la demande de malfaiteurs[1]... Les agents de l'État ne sont donc pas à l'abri et peuvent aisément basculer du mauvais côté.

C'est pourquoi le souci de discrétion régit tous nos rapports avec les services d'enquête. Il faut absolument bien connaître son interlocuteur, quelles que soient ses fonctions, avant d'évoquer le fond d'une affaire.

Des affaires qui n'aboutissent jamais...

Être magistrat en Corse me rappelle aussi d'incroyables explosions au palais de justice à l'initiative des nationalistes. Je me souviens notamment d'un attentat perpétré en plein après-midi dans les locaux de l'annexe du TGI de Bastia qui blesse une greffière. Évacuation générale, tout le personnel se retrouve en état de choc dans les escaliers du palais. Beaucoup prennent alors d'assaut le bar avoisinant du boulevard Paoli. Un collègue de l'instruction y poursuit même, autour d'un café, l'interrogatoire interrompu dans son cabinet !

Cette époque est également marquée par nos nombreux échecs face aux infractions financières sur le sol

1. Il s'agit de François Levan, capitaine de gendarmerie et ancien chef de l'antenne bastiaise de la section de recherches. Celui que l'on surnomme « le Chinois » est condamné en octobre 2015 à six ans de prison ferme par la cour d'appel de Bastia qui aggrave ainsi la peine prononcée en première instance.

corse et ailleurs. Je déchante, avec le sentiment que nous faisons de la figuration dans la lutte contre le grand banditisme. Il devient de plus en plus compliqué de sortir des éléments probants sur nos principaux « clients » nationalistes ou voyous. Tout semble bloqué par une force impalpable, une sorte de main noire.

De nombreux dossiers étayés, bien construits, finissent souvent par faire *pschitt*. Les éléments matériels sont irréfutables, mais il est bien rare d'amener une affaire à bon port lorsqu'elle touche une personnalité du crime organisé. Trop de conditions à remplir pour assurer notre mission : trouver des enquêteurs sûrs, ce qui, nous l'avons vu, n'est pas toujours évident. Puis chaque niveau de la chaîne judiciaire est sous influence, du personnel du tribunal à la formation de jugement, des services d'enquête jusqu'aux jurés et magistrats eux-mêmes !

Quand une affaire sensible parvient enfin à franchir le stade périlleux de l'enquête pour arriver à la cour d'assises ou au tribunal correctionnel, nous assistons alors à toutes sortes d'extravagances qui débouchent sur des acquittements et relaxes dans des affaires aussi graves que des meurtres en bande organisée ou encore des escroqueries massives. Et ce, malgré l'existence d'éléments matériels irréfutables corroborés par des aveux…

L'assassinat d'un gérant de boîte de nuit, Michel Mahjoubi, me vient à l'esprit. Mahjoubi n'est pas un membre du grand banditisme. C'est un type bien, un ancien de l'Éducation nationale reconverti dans le monde de la nuit. Il se heurte alors de front au grand banditisme en refusant le racket. Il y perdra la vie. On touche en effet durant cette enquête à des gens très connus de la Brise de mer, des extorsions de fonds y apparaissent. Nous avons des aveux, des éléments matériels, pourtant les tueurs sont acquittés par la cour d'assises de Bastia[1]... Un maillon de la chaîne pénale est toujours susceptible d'être sensible aux pressions, selon sa plus ou moins grande proximité avec les mis en cause. Un amer constat qui amène bien des magistrats à changer d'horizon. Cette inefficacité chronique m'est rapidement devenue insupportable. Elle contribuera fortement à mon départ.

Mais ce n'est pas la seule explication aux carences récurrentes de la justice en Corse. La ténacité, ou non, du procureur en place joue aussi un rôle essentiel. Prenons l'exemple de Nicolas Bessone[2], affecté en 2014 à Bastia. Malgré les obstacles, ce magistrat opiniâtre a fait son job. Il quitte Bastia durant l'été 2017 pour Orléans après avoir mené une politique pénale particulièrement efficace, notamment dans les sphères politico-financières. À force de pugnacité et grâce aussi au soutien de Paris, il est possible de bâtir des procédures solides et surtout de les conduire à terme. Tout dépend de la volonté politique d'éradiquer ces dérives.

Évoquant un jour avec l'un de mes collègues les menaces potentielles dont nous pourrions être victimes

1. Les deux assassins de Michel Bastiani-Mahjoubi seront finalement condamnés en appel, en 2014, à seize et treize ans de réclusion par la cour d'assises de Paris.

2. Voir le chapitre suivant, p. 243.

– je veux parler de menaces physiques susceptibles de peser sur nous et nos familles –, nous étions parvenus à la conclusion que finalement nous ne sommes pas vraiment en danger en Corse, comme le furent à une certaine époque les juges siciliens. Pourquoi ? Tout simplement parce que nos adversaires peuvent à loisir, grâce à leurs réseaux d'influence, nous neutraliser en amont ! La force de leur relationnel au plus haut niveau les dissuade de l'intérêt de nous éliminer physiquement.

Cette situation est difficilement surmontable. Dès que nous sommes confrontés à des groupes mafieux, nous subissons cette toute-puissance occulte. Nous ne savons pas très bien d'où viennent les coups. Je pense en particulier à la « pantalonnade » de la reddition de Richard Casanova en mars 2006 à Bastia[1]. Casanova est alors l'un des membres éminents de la Brise, recherché pour sa participation présumée au casse record de l'UBS de Genève. Surnommé « Richard le menteur », Casanova est une sorte de dieu vivant. Les gens sur l'île l'adorent : il fait le bien autour de lui grâce à ses moyens illimités, il distribue beaucoup. Casanova, à l'image de Francis

1. Richard Casanova fut l'un des membres éminents de la Brise, recherché pour sa participation supposée au casse record de l'UBS de Genève, en 1990. Plus de 30 millions de francs suisses sont ainsi dérobés. Durant seize ans, il se promène en toute impunité dans l'île, rendant fréquemment visite à ses parents en Balagne. Son arrestation au terme d'un simulacre de reddition semble relever d'une mise en scène négociée avec de hauts responsables policiers. Il s'est dit à l'époque que tout avait été organisé par Casanova et ses appuis haut placés pour lui fournir un alibi en béton au moment de l'assassinat, quelques jours plus tard, de Robert Feliciaggi, l'homme de la Corsafrique, sur le parking de l'aéroport d'Ajaccio.

Mariani, avait, comme on dit, une vraie « réputation », ce qui lui assurait une belle protection.

Les intouchables

J'ai quitté Bastia au bout de quelques années pour rallier Nice, puis un poste plus sensible à la JIRS de Marseille, en 2012. Mes fonctions sur la Canebière visent le banditisme corso-marseillais, en particulier sous l'angle financier. Les « intouchables », croisés précédemment sur l'île de Beauté, sont désormais les acteurs principaux des dossiers dont j'ai la charge. Mais tout change… en mieux : les services d'enquête mis à ma disposition sont désormais issus d'offices centraux situés à Paris ou d'équipes d'enquêteurs corses et marseillais de confiance. Leurs compétences sont excellentes et le risque de fuites considérablement amoindri.

À Marseille, j'ai également eu la chance de me familiariser avec les intermédiaires financiers du Milieu corse à l'influence mondiale. Mes investigations sur le blanchiment d'argent me conduisent à enquêter sur leurs hommes de confiance, leurs prête-noms, qui sont très souvent des membres de leur famille : des épouses, des frères et sœurs, des parents, des descendants… Et à rencontrer ces personnes dans mon cabinet. La prudence est alors de mise, on touche à leurs proches, à ce qu'il y a de plus sacré chez eux. Leurs griefs les plus violents et persistants à l'encontre de certains de mes collègues sont ainsi souvent fondés sur un ressentiment lié au traitement réservé à leur famille. Mes fonctions à la JIRS ne peuvent donc s'inscrire sur le long terme, même si, encore une fois, un traitement rigoureux mais humain de ces individus permet d'éviter de se retrouver trop souvent en porte à faux.

Frapper la mafia au porte-monnaie

Ma prise de fonction à Marseille, en 2012, répond à une création de poste afin de remédier au plus vite à la cascade de règlements de comptes qui frappe alors la Corse. Mais le cabinet situé en face du mien demeure vacant, le magistrat n'ayant pas été remplacé. Je suis donc amené à instruire en partie d'autres dossiers qui relèvent davantage du financier. Ce croisement entre les affaires financières et le grand banditisme se révèle riche d'enseignements et me permet de procéder à d'utiles recoupements.

Immédiatement, je vois ressurgir le fantôme de cette Brise de mer qui impressionne tant en Corse... et à Paris. Je récupère ainsi la gestion de dossiers ouverts à la suite de la mort de Richard Casanova en 2008 et de Francis Mariani en 2009. Les intouchables sont désormais les acteurs principaux des dossiers dont j'ai la charge. Mon cabinet est notamment constitué d'affaires économiques liées à des trafics de stupéfiants, d'armes, ou encore des braquages qui constituent bien souvent l'arrière-fond des homicides perpétrés. Les dossiers de droit commun sont ainsi traités sous un angle financier, ce qui est d'une efficacité redoutable.

Cette méthode nous permet par exemple de déjouer un assassinat à la voiture piégée qui devait se dérouler en plein quartier du Panier à Marseille et visait les frères Moretti, liés au caïd marseillais Sabri Chorfia. Lors de notre perquisition, le véhicule et les explosifs sont ainsi retrouvés, la preuve qu'il ne s'agissait pas d'un projet abstrait…

L'idée est d'avoir une vision globale du phénomène criminel corse. Cette approche se révèle d'autant plus payante qu'elle s'accompagne de la mise en œuvre systématique du dispositif de saisie des avoirs criminels issu de la loi Warsmann de 2010[1]. Le système permet d'asseoir la répression pénale sur l'essence même du mobile de la criminalité organisée, à savoir l'enrichissement illicite.

À cette époque ont eu lieu de manière récurrente des saisies et confiscations sur le territoire corse[2]. Plus récemment en 2017, la villa de Jean-Luc Germani a été confisquée dans le cadre de sa condamnation pour association de malfaiteurs, en relation avec l'assassinat en juin 2008 de Jean-Claude Colonna, à Pietrosella. J'ai été amené à réaliser de très nombreuses saisies sur les biens de malfaiteurs corses. L'exercice est particulièrement périlleux car les mesures patrimoniales sont celles qui déstabilisent le plus les malfaiteurs qui acceptent

1. Le 3 mai 2010, les sénateurs adoptent à l'unanimité cette loi qui permet de faciliter la confiscation des avoirs criminels.

2. En novembre 2012, une villa est saisie à Cala Rossa, dans l'extrême sud, dans le cadre de la procédure dite « Wagram II », du nom de ce cercle de jeu parisien contrôlé alors par la mafia corse. Elle a été acquise par la compagne d'Angelo Guazzeli, membre historique de la Brise de mer.

beaucoup mieux l'incarcération que l'atteinte à leur bien ! On y réfléchit à trois fois avant d'apposer sa signature en bas d'une ordonnance de saisie, qui tend à priver un dangereux malfaiteur de l'un de ses biens les plus onéreux, même si la décision est juridiquement parfaitement fondée. Or, les dossiers financiers souffrent d'une forme de morcellement de l'information : les infractions financières sont traitées comme des dossiers distincts, hermétiques à ceux de droit commun – extorsion, assassinat etc. – qui les ont vus naître. Je m'attache à privilégier les volets économiques, ce qui me permet de suivre le cheminement des fonds issus d'extorsions ou de trafics divers. Puis on saisit les biens acquis après blanchiment – villas, fonds de commerce, assurances vie… Cette approche permet de réunir ainsi tous les acteurs financiers et tous les prête-noms dans un même dossier et de traiter le phénomène criminel dans son ensemble.

Dans ce souci d'efficacité croissant, l'excellente Brigade nationale de lutte contre le crime organisé en corse (BNLCOC) apparaît en 2012. Elle consacre la fusion des effectifs de l'Office central de lutte contre le crime organisé (OCLCO) et de l'Office central pour la répression de la grande délinquance financière (OCRGDF) autour des questions corses.

Un problème demeure, celui des extorsions de fonds, complexes à caractériser juridiquement dans l'environnement corse ou corso-marseillais. En effet, l'enquête doit démontrer des menaces ou des actes de contrainte. Or la renommée des malfaiteurs corses est telle qu'il ne leur est guère nécessaire d'y recourir pour obtenir un prélèvement sur les recettes d'un établissement commercial… Leur seul nom suffit pour que la personne sollicitée sache qu'elle n'a pas le choix. Là réside une difficulté majeure : la menace n'est pas juridiquement caractérisée.

C'est pourquoi il faut cibler les infractions financières, tel le « recel d'abus de biens sociaux ». Les fonds réceptionnés par les racketteurs sont en effet extraits des actifs sociaux d'une société commerciale sans contrepartie, donc sans justification comptable. Les affaires d'extorsion se muent ainsi fréquemment en affaires financières. Tel est le cas des extorsions réalisées dans le cadre de projets immobiliers localisés en Corse. Le détournement de fonds peut prendre toutes les formes de qualifications juridiques, selon l'avancée du projet et du processus de spoliation des investisseurs : emplois fictifs pour les proches, facturations excessives à des sociétés complices, acquisition de parts sociales sans contrepartie, versements de dividendes, banqueroute…

D'un point de vue pratique, mon arrivée à la JIRS est pour le moins mouvementée. Un bureau spartiate, pas de greffier. Voici les conditions dans lesquelles je débarque. Je déploie beaucoup d'énergie et de persuasion pour montrer que je suis ici pour travailler et que je ne renoncerai pas… J'obtiens finalement la désignation d'un greffier, un type exceptionnel qui devient, du fait de ses compétences, de sa loyauté, de sa discrétion et de sa fine compréhension des événements, mon collaborateur le plus précieux pendant mes années marseillaises.

Mon appétence pour instruire les dossiers et mettre au jour la nébuleuse des activités corses – avec le souci constant de respecter une proportion d'affaires équivalente entre les différentes bandes rivales afin ne pas faire douter de notre neutralité – m'amène rapidement à être en charge d'une quarantaine de très volumineux dossiers.

Drôle de rencontres

Mes précédentes fonctions niçoises m'ont permis de toucher de près les mafias russophones et italiennes et je dois dire que c'est avec un certain contentement que je reviens sur le banditisme corse, dont le fonctionnement, le sens de l'honneur – bien qu'en perdition – et la correction me sont bien plus familiers. Certains personnages me marquent.

Tel est le cas de Michel Tomi[1], désigné comme le Parrain de la « Corsafrique ». L'ombre de ce personnage charismatique plane sur de nombreux dossiers. Mais Tomi parvient à s'élever à une telle hauteur qu'il en

1. Michel Tomi est décrit comme l'empereur de la « Corsafrique », ce réseau qui a fait fortune dans les jeux sur ce continent. Tomi est soupçonné de tirer bien des ficelles dans l'île de Beauté. Il se déplace en Corse le plus souvent accompagné d'une impressionnante armada de gardes du corps et de voitures blindées. En 2013, un rapport de la PJ le décrit comme étant à la tête d'un groupe « dont les intérêts paraissent orientés vers la mise en place d'un système opaque pour dissimuler la commission d'infractions économiques et financières ». Tomi est mis en examen depuis 2014 dans un vaste dossier de blanchiment de fraude fiscale et de corruption en relation avec ses activités au Gabon, confié aux juges parisiens Serge Tournaire et Hervé Robert.

devient totalement inaccessible pour l'institution judiciaire. Entendu dans mon cabinet, l'homme se montre d'une grande courtoisie et d'une parfaite correction. Il me semble très las de l'évocation des affaires corses. Je pense que s'est sincèrement, sans arrière-pensées, qu'il me lâche au cours de notre discussion : « Si je peux vous donner un conseil, laissez tomber la Corse, vous allez vous y perdre ! » Pour moi, le message est clair. Tomi évoque les connivences politiques avec le monde du crime, les serments rompus et les trahisons[1].

Autre style, Jean-Luc Germani, rencontré au moment de l'interrogatoire consécutif à son arrestation à Paris en novembre 2014 à l'issue d'une cavale de trois ans. Un mois plus tôt, la cour d'appel lui a infligé six ans de prison pour extorsion de fonds dans l'affaire du cercle Wagram. Lors de ce déferrement qui survient un week-end, je découvre un homme extrêmement calme, posé et respectueux, malgré les circonstances. Je le reverrai à plusieurs reprises par la suite, il ne se départira jamais de cette affabilité.

Avec Jacques Mariani, fils de Francis, notre première rencontre a été marquée par sa personnalité véhémente et ses tentatives d'intimidation. C'est sa manière de procéder avec tous ses interlocuteurs. Je ne m'en offusque pas. Je crois pouvoir dire qu'ensuite, au cours de nos fréquentes auditions, les relations se détendent. Elles deviennent même assez décontractées. Une forme de respect réciproque s'installe. Les dossiers le concernant

1. Ses deux fils spirituels Richard Casanova et, plus récemment, Jean-Luc Codaccioni ont été assassinés.

impliquent de faire le tour de toute sa famille et de ses proches.

Qu'il s'agisse des clans corses ou corso-marseillais, mes fonctions à la JIRS m'amènent à entendre les membres les plus réputés, mais aussi leurs lieutenants et leur famille régulièrement en mon cabinet. Ces justiciables conservent leur toute-puissance où qu'ils soient. Me vient à l'esprit une anecdote édifiante. J'auditionne ce jour-là l'un de ces cadors du crime Jacques Mariani par visioconférence. Il est incarcéré dans une maison centrale du nord de la France. Le détenu s'assoit face caméra devant une table. Le greffier, l'avocat du mis en examen et moi-même visionnons dans la salle du TGI de Marseille. Or, les gardiens, visiblement peu concernés par le contenu de l'interrogatoire, passent régulièrement dans le champ de la caméra, et se montrent aux petits soins avec le mis en examen. Avec une telle déférence que nous assistons à une scène surréaliste. Le surveillant s'approche du voyou, une tasse fumante à la main : «Votre café, monsieur.» Cela se passe de commentaire... surtout lorsqu'on est en charge, au même moment, d'une autre affaire de corruption impliquant ce même surveillant pénitentiaire, dans la centrale où il était précédemment affecté.

S'attaquer à la délinquance financière

Lutter efficacement contre le banditisme conduit à démanteler la logistique financière sur laquelle repose l'organisation. Tout passe par le même système : prête-noms, sociétés-écrans, comptes off-shore. En comparant différents modèles auxquels je suis confronté dans le monde du banditisme, je suis bluffé par le savoir-faire corse en matière de placements à l'étranger. Les mafieux insulaires possèdent des relais dans le monde entier. Cette expérience remonte à plus de quarante ans.

Les investissements internationaux, en particulier en Amérique du Sud ou en Afrique, dans le milieu du jeu sont symptomatiques de cette « excellence ». Au fil du temps et des recoupements entre les différentes affaires, les mêmes acteurs financiers interviennent. Ils apportent leurs compétences techniques au service de cette logistique interlope. Ces individus jouent le rôle de prête-noms à grande échelle, assurent un savant mélange entre investissements légaux et illégaux, permettent aux malfaiteurs, par leur relationnel, d'accéder au circuit bancaire pour assurer un blanchiment parfait.

La Suisse demeure la valeur la plus sûre pour asseoir cette dissimulation bancaire. Elle est systématiquement sollicitée dans les montages financiers. Pour nous, coopérer avec ce pays se révèle d'une extrême complexité. Il demeure toujours très fastidieux d'obtenir les renseignements sollicités.

Je dois reconnaître que lorsque mes demandes d'entraide internationale mentionnent que les fonds sont issus des activités des malfaiteurs corses, les autorités helvétiques se montrent un peu plus réactives. De plus, face à des phénomènes sporadiques de blanchiment – s'ils sont en outre rattachés à des organisations connues –, la Suisse est, en apparence, prête à collaborer. Cela lui assure une grande publicité pour afficher sa bonne volonté.

Mais la médaille a un revers. Les enquêtes de ce type mettent en avant des acteurs locaux liés aux membres du banditisme corse. Pire, elles révèlent fréquemment des pratiques bancaires illicites, qui sont de nature à douter de l'intégrité du système bancaire helvétique. Et là, évidemment, ça commence à coincer... Les autorités suisses n'iront donc jamais trop loin, notamment quand les investigations démontrent des pratiques frauduleuses institutionnelles.

En effet, le juge français se retrouve souvent à mettre en examen des acteurs financiers connus, voire des établissements bancaires. Toute l'institution vous tombe alors dessus, y compris l'institution judiciaire helvète, car si de nombreux magistrats suisses sont intègres et dotés d'une grande conscience professionnelle, pour d'autres, la frontière avec le milieu bancaire est fort poreuse...

En Suisse, pays du secret et des arrangements, les magistrats peuvent faire des allers et retours entre le système judiciaire et bancaire. L'assurance de démultiplier leur traitement... et le risque de se montrer plus conciliant avec les dérapages des banques. Je me souviens ainsi de la mise en examen d'un établissement bancaire helvète renommé. Ses dirigeants ont eu la brillante idée d'envoyer, pour représenter la société lors de l'interrogatoire, un magistrat suisse fraîchement recruté avec lequel nous coopérions auparavant...

Certains avocats fiduciaires, qu'il s'agisse de la Suisse ou du Luxembourg, sont des orfèvres en matière de montages destinés, entre autres, à dissimuler le produit du crime des Corses ou Corso-Marseillais. Encore une fois, mener une action cohérente et efficace contre le blanchiment doit conduire à priver les malfaiteurs de leurs avoirs bien mal acquis. Cela implique de démonter un à un les maillons participant aux opérations de dissimulation. Mettre en examen ces professionnels reconnus nous attire bien des inimitiés. Des inimitiés vivaces et persistantes sur le long terme. Par la suite, la coopération devient encore plus difficile.

De très mauvaises habitudes ont été prises dans ces pays du fait du secret bancaire, obstacle longtemps infranchissable. Heureusement, sous l'influence des États-Unis, de l'Union européenne et du GAFI[1], ce principe vacille. Dès la deuxième décennie des années 2000, les renseignements obtenus sur commissions rogatoires internationales font progresser la compréhension du fonctionnement financier des différentes organisations corses, notamment de la Brise de mer.

Les investissements fonciers sur l'île de Beauté constituent le talon d'Achille des malfaiteurs rattachés à la Corse. Certains agissent *via* des prête-noms et les investigations internationales permettent de revenir *in fine* dans l'île. Beaucoup d'entre eux investissent *via* leur famille. Il est alors plus aisé de démontrer l'origine injustifiée des fonds utilisés. La loi Warsmann permet

1. Le Groupe d'action financière est une structure intergouvernementale destinée à lutter contre le blanchiment.

par la suite de mettre aisément la main sur l'ensemble des biens concernés ; même si je regrette une maîtrise insuffisante de cet outil de la part de nombreux magistrats et enquêteurs.

Le retour des pressions

Travailler en qualité de juge d'instruction à la JIRS de Marseille, juridiction qui connaît à l'époque les affaires les plus sensibles en matière de crime organisé, implique de résister aux différentes formes de pression : menaces, directes ou indirectes, plaintes déposées à l'encontre des magistrats ou battages médiatiques savamment orchestrés à l'occasion desquels on diffuse sans vergogne des informations biaisées, destinées à déstabiliser le magistrat, qui – ces gens-là le savent bien – ne peut pas véritablement s'exprimer pour contrer l'offensive : dans certaines procédures médiatisées, des contre-vérités sur le fond de l'affaire peuvent être diffusées par les parties à la procédure – qui, elles, ne sont pas tenues par le secret de l'instruction – par voie de presse afin de discréditer l'action du juge. Or le magistrat ne peut corriger de telles déclarations touchant au fond de l'enquête sans violer le secret de l'instruction. Même si ses déclarations ne concernent pas le contenu proprement dit du dossier, il ouvrirait ainsi la voie à une requête en récusation pour avoir manifesté son opinion. Cette situation est donc très déstabilisante.

La stratégie de la défense dans les dossiers sensibles est immuable : on s'attaque au fond de l'affaire. Si cela ne fonctionne pas, on s'attaque à la forme, et enfin, en cas d'échec, on s'attaque au magistrat, en le mettant en cause personnellement : par exemple, en trouvant une faille dans sa vie personnelle ou en dénonçant de prétendues dérives professionnelles ! Le but est de le discréditer ou de le pousser à la faute. Nous vivons tous cela à la JIRS, dans des proportions variables. Et nous sommes à cette époque insuffisamment protégés par l'institution.

Entre 2013 et 2016, les juges d'instruction de la JIRS de Marseille s'exposent à ces insoutenables pressions. Beaucoup d'entre nous se voient proposer une protection rapprochée. Je la refuse, malgré le cambriolage simulé de mon domicile qui tient lieu d'avertissement. Car cette protection relève plus de l'affichage que d'une volonté réelle. Peu de temps avant, un incident avait eu lieu au sein de mon cabinet avec un malfaiteur corse. Un lien a pu être établi entre les deux événements, mais je n'en sais pas plus et l'intéressé est depuis décédé de mort violente...

Toujours est-il qu'en 2014, la gravité des pressions subies amène enfin la garde des Sceaux Christiane Taubira à nous faire entendre individuellement. Elle souhaite mettre en œuvre un nouveau texte destiné à améliorer la protection des magistrats exposés dans l'exercice de leurs fonctions. Il en résulte quelques progrès, mais pas de réelle solution. La seule protection efficace demeure la cosaisine afin de dépersonnaliser au maximum les dossiers touchant à la mafia corse.

Vient la question essentielle du statut de repenti qui a démontré toute son efficacité en Italie. Le dispositif législatif français encadrant le statut de repenti, issu de la loi Perben II[1], est resté longtemps lettre morte faute de décret d'application. Celui-ci est finalement intervenu dix ans plus tard, par un décret du 17 mars 2014, mais se révèle décevant. Ce dispositif, perfectible, a été amélioré ces dernières années[2]. Son principal défaut est de disséminer la responsabilité de sa mise en œuvre entre les mains de trop nombreux intervenants. Tout ce qui touche aux repentis doit tomber sous le coup du secret absolu, il en va de la vie des intéressés !

Le cas de Claude Chossat est différent. Ce dernier a choisi la médiatisation compte tenu de la situation inique qu'il subit[3]. En effet, quand je reprends les dossiers de la JIRS à mon arrivée en 2013, Chossat, qui est un proche de Francis Mariani, apporte un éclairage systématique dans tous les dossiers. Ses déclarations, précises, sont souvent corroborées par des éléments matériels. Elles permettent de décrypter le fonctionnement du banditisme insulaire de l'intérieur. Au point que les personnes mises en cause par ses déclarations lui vouent une haine farouche et tenace.

1. La loi Perben II, votée le 9 mars 2004, apporte une série de mesures destinées à mieux lutter contre le crime organisé. Parmi elles, le statut de « collaborateur de justice », qui permet au repenti d'être exempté de peine, ou de voir celle-ci réduite de moitié lorsqu'il a permis d'éviter la réalisation d'une infraction, de la faire cesser ou d'en identifier les auteurs. Mais les décrets d'application ont tardé à être promulgués. C'est pourquoi Claude Chossat n'a pu en bénéficier.

2. En mars 2018, le repenti Patrick Giovannoni est à l'origine de la condamnation de membres de l'équipe du Petit Bar pour l'assassinat en octobre 2010 d'Antoine Nivaggioni. Éric Coppolani écope notamment de trente ans de réclusion. Un procès en appel doit se tenir prochainement.

3. Voir le chapitre 6 de Claude Choquet, p. 195.

Tous nos échanges avec Chossat se déroulent dans un climat de sécurité absolue. Ses inquiétudes sont légitimes. Nous nous préoccupons de la sécurité de sa famille alors qu'il coopère activement avec la justice. Un repenti, par définition, c'est un criminel qui a commis des agissements répréhensibles, mais qui décide de coopérer avec la justice. Il peut prétendre en contrepartie à une réduction de sa peine et à une protection. Pour Chossat, cette coopération est antérieure au dispositif applicable aux repentis. Il n'a aucune assurance d'une protection institutionnelle en contrepartie de l'aide apportée.

En outre, certains magistrats lui reprochent un manque de sincérité sur ses propres agissements criminels. Et ses déclarations sont d'une portée juridique relative. Elles apportent tout au plus un éclairage, une orientation des investigations, des clefs de compréhension, mais ne permettent pas d'établir une culpabilité en soi. En particulier sur les dossiers corses, il convient de trier parmi un fatras de fausses pistes lancées par les manœuvres fallacieuses des uns et des autres. Les malfaiteurs insulaires excellent dans cet exercice : manipuler les services d'enquête, instrumentaliser la justice pour régler leurs comptes. Dans le Milieu, on parle de « poussettes ». L'expérience permet heureusement de faire le tri entre vraies et fausses révélations.

Pour un renforcement des moyens

Le renforcement des moyens d'enquête, couplé aux progrès des investigations techniques – notamment les sonorisations et les méthodes de décryptage –, permet de capter des discussions libres entre malfaiteurs. C'est une réelle avancée. Avec certaines réserves cependant. Un exemple : vous obtenez des éléments explosifs au cours d'une sonorisation d'un lieu de rencontre entre deux voyous. Il faut constamment s'interroger : ne s'agit-il pas d'une manipulation destinée à égarer les magistrats ? Derrière une pièce de justice peut se dissimuler un règlement de comptes. On n'utilise pas directement des armes, mais on provoque une déstabilisation qui déclenche des assassinats en cascade.

Autre effet pervers, certaines retranscriptions de conversations sont parfois déterminantes. Au point que leur utilisation, même en procédure, n'est pas sans risque. Le problème est qu'une fois la pièce versée au dossier, la publicité de la retranscription est inéluctable. Elle peut donner lieu à des représailles, notamment lorsque l'un des interlocuteurs trahit son clan pour s'associer à un autre.

Mais l'amélioration de la coopération internationale permet également de récupérer des renseignements que les malfaiteurs pensent être bien dissimulés à l'étranger. C'est ainsi que de grandes avancées dans la compréhension du paysage criminel corse se sont opérées ces dernières années, notamment dans le suivi des alliances qui se nouent entre différents clans corses, puis entre les bandes insulaires et les voyous des cités du sud-est de la France. De discrètes associations autour de trafics de drogue permettent notamment de brouiller les pistes sur les règlements de comptes. Il est primordial de bien connaître ces fines alliances transversales.

Or, nos moyens juridiques et judiciaires ne sont pas forcément adaptés face à la machine de guerre qu'est le banditisme corse. Les critères de recrutement à la JIRS méritent selon moi d'être objectivés. La spécialisation si évidente, qui intervient de plus en plus en phase d'enquête, mérite logiquement d'être étendue à la phase de jugement. Les formations correctionnelles qui jugent les dossiers JIRS doivent être à mes yeux systématiquement composées de magistrats spécialisés, reconnus pour leurs compétences techniques en la matière.

De même, aux assises, je ne m'explique pas que des jurés professionnels soient désignés pour les affaires de terrorisme ou de trafic de stupéfiants de nature criminelle, alors que des jurés populaires sont désignés pour des affaires de meurtres en bande organisée tout aussi complexes ! Comment faire intégrer pour de tels crimes à un individu lambda, en seulement quatre semaines d'audience, la composition du paysage criminel corse, ses évolutions, ses détails et ses subtilités ? Comment lui permettre de comprendre le poids de l'emprise mafieuse sur le fonctionnement de l'économie corse ?

Le juré doit percevoir que les alliances conclues entre différents clans amènent à des exécutions, tout en analysant de complexes schémas établis par le logiciel Anacrim au moyen d'une scrupuleuse et méticuleuse analyse de la téléphonie. Il lui faut également assimiler bien d'autres subtilités techniques inhérentes à ce type d'enquêtes. Un professionnel prend des années pour absorber une telle technicité. Et on veut nous faire croire que tout citoyen pourrait en quelques jours acquérir une telle maîtrise et rendre une décision éclairée ! C'est d'une absurdité inouïe. Le doute s'insère logiquement dans l'esprit d'un profane placé devant l'impossibilité d'assimiler autant d'informations. Les sujets techniques et complexes doivent demeurer affaire de spécialistes, les jurés populaires se consacrant aux affaires de droit commun pour lesquelles les cours d'assises ont été créées. Au lieu de cela, nous assistons à des acquittements en série qui posent question.

J'en profite pour évoquer les relations des juges avec les avocats. Je dirai qu'à Bastia et Marseille les rapports sont corrects, cordiaux. Au contraire d'un barreau comme Ajaccio, bien souvent rompu à la défense de rupture et à la personnalisation des affaires, avec le risque d'éloigner les auxiliaires de justice de leur rôle. Être à l'écoute ne signifie pas être sous influence.

Mes rapports sont très bons avec les auxiliaires de justice, même si je ne peux que déplorer que certaines trajectoires individuelles s'éloignent du travail judiciaire. Il est délicat ici d'évoquer les dérives qui ont pu mener à l'implication d'avocats dans des règlements de comptes entre différents clans[1].

On assiste à l'émergence d'une nouvelle génération de mafieux sans aucune valeur ni limite, capables

1. L'ancien bâtonnier d'Ajaccio Antoine Sollacaro est abattu, le 16 octobre 2012, sur l'aire d'une station-service de la route des Sanguinaires. Cet assassinat serait lié à sa proximité avec le clan d'Alain Orsoni. Jean-Michel Mariaggi, lui, défend les intérêts de l'équipe dite du Petit Bar et du repenti Claude Chossat. Il sera grièvement blessé au bras après que sa voiture a été mitraillée, le 29 octobre 2015, sur la route de Corte.

d'impliquer des enfants innocents dans leurs tueries[1]... Il n'y a qu'un petit pas à franchir pour déborder sur les professionnels de la justice, surtout lorsque ceux-ci sortent de la neutralité, de leur rôle de juriste, en affichant une trop forte proximité avec leurs clients.

Ces avocats peuvent être amenés à sortir du cadre normal de leur intervention, y compris dans les prétoires et devant les médias. Les magistrats sont certes très tolérants à l'égard des débordements verbaux. Mais ce que la justice tolère, des voyous peuvent ne pas le laisser passer...

L'État baisse la garde !

J'éprouve un profond attachement à la Corse. J'aurai plaisir à y revenir régulièrement. C'est pourquoi je demeure désabusé devant l'absence de réelle continuité dans l'action de l'État sur l'île. Notre politique pénale n'agit pas sur le long terme. Des moyens parfois importants sont mis en œuvre, puis retirés selon l'impératif médiatique. Bien que les assassinats diminuent ces derniers temps, cela n'implique nullement que l'emprise de la criminalité organisée ait cessé, bien au contraire !

1. Le juge Cotelle fait notamment référence à la tentative d'assassinat dont a été victime Yves Manunta en 2011. L'ancien associé d'Antoine Nivaggioni dans la SMS, une société de sécurité, est pris pour cible par les tueurs mais parvient à s'échapper. Sa femme et sa fille de 7 ans sont grièvement blessées. Yves Manunta sera finalement abattu un an plus tard. Dans une lettre rendue publique en 2018, son fils, Stéphane Manunta, dénonce l'impunité dont bénéficient selon lui les auteurs présumés de ces faits.

Depuis 2016 a commencé un désengagement de l'État sur la criminalité organisée corse. Ce désengagement vaut pour la justice comme pour les services d'enquête. Il se traduit essentiellement par une baisse d'effectifs chez les enquêteurs spécialisés en criminalité organisée comme chez les magistrats. Les JIRS ont donc moins d'affaires nouvelles en cours. Les juridictions n'ont plus les moyens de juger dans un temps raisonnable les dossiers qui sortent des cabinets d'instruction et qui peuvent rester de très longs mois, voire souvent des années, en attente d'audience.

Les moyens remontent vers Paris afin de mieux répondre à la menace terroriste, ou au profit d'autres structures comme le parquet national financier. Il est ainsi regrettable que la France ne s'autorise pas, faute de moyens, une action simultanée sur plusieurs problématiques de front, alors qu'une application raisonnée du dispositif de confiscation des avoirs criminels permet très largement d'autofinancer la lutte contre la criminalité organisée. Les saisies pratiquées par un seul cabinet JIRS peuvent aisément dépasser le million d'euros par mois !

Je déplore que des choix différents soient faits. Le savoir acquis par la JIRS de Marseille dans sa première décennie de fonctionnement est peu à peu rogné. Se remettre à niveau prendra beaucoup de temps et d'énergie. Je n'arrêterai pas de le répéter : mêmes causes, mêmes effets. L'emprise mafieuse en Corse va se régénérer.

Je veux bien que nous prenions des risques, y compris physiques, que des magistrats soient placés sous protection, que certains soient l'objet d'attaques scandaleuses sans protection réelle de l'institution, mais à condition que nous parvenions à des résultats ! Aujourd'hui, je ne cache pas une certaine forme de dépit.

Ainsi, courant 2017, je ressens tout d'un coup une grande lassitude. Ce fragile équilibre entre les risques pris, la pression subie et le désengagement de l'institution judiciaire ne tient plus. Un contexte consternant qui ne m'incite pas à rester en poste. Beaucoup d'entre nous ont ainsi délaissé leurs fonctions entre 2016 et 2018.

J'ai donc pris ma décision, je tourne la page. D'une certaine façon, en quittant la JIRS, j'ai dit adieu à tout ce qui touche de près ou de loin à la Corse. Avant mon départ, lors d'un dernier interrogatoire, un de mes justiciables, fiché au grand banditisme, m'a glissé une réflexion surprenante : « Vous m'avez tout pris, mais on a besoin de gens comme vous, ça équilibre » ! Réflexion qui, venant d'un tel personnage, incite à méditer…

8

Nicolas Bessone, le combatif

Tout dans cet homme respire la détermination. Une corpulence de rugbyman, un fond d'accent tout droit sorti de son Marseille natal. En 1992, Nicolas Bessone fait son entrée dans la carrière avec une volonté de soldat. Il ne craint pas la castagne judiciaire, encore moins le rapport de force. Pourtant l'homme s'exprime toujours avec rondeur et bonhomie. Substitut à Strasbourg, puis à Toulon en 1998, il découvre les ficelles du Milieu varois, encore marqué par les suites de l'assassinat de la députée Yann Piat.

Mais son véritable grand saut dans le crime organisé intervient en 2004 grâce à son entrée à la JIRS de Marseille. Le magistrat s'initie quelque mois seulement aux questions corses avant de regagner Toulon pour un poste de procureur adjoint, d'où il garde un œil affûté sur la mafia insulaire.

En septembre 2014, le voilà à Bastia, dans une île encore secouée par le grand massacre de notables des années 2012-2013. Jean Leccia, l'une des huiles du conseil général de Haute-Corse, est assassiné quelques mois avant son arrivée. Face à cette mafia sans foi ni loi, il faut donc un magistrat à poigne. Nicolas Bessone en a tellement… qu'il finira par bénéficier d'une protection policière et quitter l'île.

« En Corse, la faiblesse tue ! »

Cette nomination à Bastia est une opportunité, celle d'occuper pour la première fois un poste de procureur avec toutes les responsabilités que cela implique. Mon parcours me permet de m'adapter aux directives offensives de la circulaire pénale territoriale, dite circulaire Christiane Taubira, mise en place à la suite des événements sanglants de l'année 2012. Les assassinats des notables ajacciens Antoine Sollacaro et Jacques Nacer ont marqué les esprits. Dans ce document capital, la garde des Sceaux préconise une plus grande fermeté, une meilleure coordination entre juridictions et souhaite favoriser les échanges entre administrations[1].

Je tire notamment ma légitimité de mon passage par la JIRS de Marseille. Quand je débarque sur la Canebière en 2004, la Corse n'est pas encore une priorité. Elle le deviendra en 2008 sous l'effet de deux événements majeurs : d'abord, l'assassinat dans les quartiers nord de Farid Berrhama. Ange-Toussaint Federici, dit ATF, chef de file de l'équipe des Bergers braqueurs, est impliqué dans cette exécution qui pourrait être une réplique à l'élimination d'un Corse, Roch Colombani. L'enjeu reste au fond le contrôle des

1. La circulaire cible quatre directions : la lutte contre l'affairisme et la criminalité économique et financière, l'optimisation de l'efficacité judiciaire, la protection des témoins et le partage de l'information.

machines à sous dans la zone de l'étang de Berre[1] ; puis l'arrivée décisive de Jacques Dallest à la tête du parquet de Marseille. Le magistrat réoriente les dossiers insulaires vers cette juridiction spécialisée dans la lutte contre le crime organisé.

L'expérience de la mafia italienne

Avant Bastia, j'avais beaucoup étudié les mafias italiennes et leurs ramifications en France, ce qui me permet de mieux comprendre la situation corse. C'est Patrice Ollivier-Maurel, un collègue de la JIRS qui traite le dossier Francis Mariani – au cœur de la Brise de mer –, qui m'en livre les premiers enseignements. Et progressivement je m'initie à la grande criminalité insulaire.

Puis, en poste à Toulon, j'ai pris la mesure de la délinquance affairiste et financière tout aussi prégnante dans le Var qu'en Corse. Je suppose que l'autorité de nomination estime qu'ainsi je suis «profilé» pour le rôle suivant, celui de procureur de Bastia.

1. On relève soixante impacts de balles sur le 4×4 Mercedes de Roch Colombani, pris pour cible près de l'aéroport de Marignane. Berrhama, alors figure montante du banditisme marseillais, est soupçonné d'être impliqué dans cet assassinat. Le 4 avril 2008, celui qui était surnommé «Farid le rôtisseur» pour sa propension à exécuter ses rivaux et à incendier leur voiture, est à son tour exécuté en compagnie de deux proches dans la brasserie Les Marronniers. ATF est blessé dans la fusillade, soigné clandestinement dans une clinique de la ville avant d'être exfiltré en Corse. Il sera interpellé par la suite, trahi par son ADN.

Des événements marquants précèdent mon arrivée, dont l'assassinat de Jean Leccia, le directeur des services du conseil général de Haute-Corse. Cette affaire, qui n'est toujours pas élucidée, a profondément ébranlé la société insulaire tant ce haut fonctionnaire était respecté. Pour la population, il s'agit clairement d'un assassinat à connotation politico-mafieuse, symbole d'un système en perdition[1].

En septembre 2014, je débarque donc à Bastia pour occuper mon premier poste de procureur en titre. Le ministère de la Justice nous octroie des moyens bien supérieurs à ceux des juridictions du continent... Une sorte de favoritisme, en somme. L'effectif est pourvu en permanence, ce qui me permet de me consacrer au plein exercice de l'action publique.

J'ai également la chance de disposer d'un contexte favorable : le FLNC décide d'abandonner la lutte armée[2]. C'est ainsi qu'on enregistre une baisse significative des attentats. Désormais, s'il subsiste des explosions d'origine criminelle, elles s'apparentent le plus souvent à des règlements de comptes privés, déguisés ou non en attentats politiques. Or, se concentrer sur le terrorisme est terriblement chronophage, même si la matière est souvent traitée par la section antiterroriste

1. Jean Leccia est assassiné au volant de sa voiture en mars 2014 au retour d'une réunion électorale à Prunelli di Fiumorbu. Un an plus tard, le quotidien *Le Monde* fait état d'une note de travail des enquêteurs évoquant la piste des marchés de travaux publics. Quatre ans plus tard, le crime n'a toujours pas été élucidé.

2. En juin 2014, le FLNC annonce l'enclenchement d'un processus de démilitarisation et une sortie progressive de la clandestinité. Il appelle à un nouveau statut négocié avec l'État français.

du parquet de Paris. Cette série d'attentats implique de passer nos soirées et nos nuits à circuler sur les routes étroites de l'île.

On constate également un autre phénomène : une baisse significative des règlements de comptes après des années d'une grande violence. Auparavant, en 2011-2012, l'île était le théâtre d'un nombre croissant de « contrats », comparable à celui de Marseille pour une population trois fois moins importante ! Ce n'est plus le cas. Ce contexte a inévitablement des conséquences sur le travail d'enquête et les moyens déployés. Certes toutes les forces disponibles sont mises à notre disposition, mais elles ne sont pas extensibles. La réserve d'enquêteurs, qu'il s'agisse de la section de recherches de la gendarmerie d'Ajaccio ou de la police judiciaire, est toujours la même. À effectifs équivalents, la baisse des attentats et des règlements de comptes nous permet malgré tout d'engager un travail de fond face au crime organisé. Enfin mon prédécesseur, Dominique Alzeari, m'a laissé un parquet en ordre de marche.

Je me présente donc dans un contexte normalisé avec une lettre de mission du ministère, relayée par le procureur général Franck Rastoul. Les instructions sont limpides : lutter contre l'affairisme qui mine l'île de Beauté et la prolifération des infractions financières.

Je lance aussitôt un audit des dossiers en cours. Premier constat, la JIRS ne ramasse plus tous les dossiers corses depuis le départ de Jacques Dallest. Je relève, dans le même temps, que beaucoup de dossiers sont désormais traités à Bastia dans le cadre du pôle financier, ce qui me donne une vraie marge de manœuvre. Je dispose ainsi à la fois des enquêteurs et des personnels judiciaires suffisants pour mener mon action, d'autant que je reçois le soutien de Christian Sivy, le nouveau directeur régional de la police judiciaire, arrivé en Corse quelques semaines avant moi. Sivy est un grand policier, avec lequel je travaillerai en toute confiance pendant trois années. Un procureur adjoint m'est également dévolu à la détection et la traque de la grande délinquance financière, aidé de deux assistants spécialisés, deux agents des impôts.

Les supporters me souhaitent la bienvenue

Mais les ennuis ne viennent pas d'où je les attendais. À Bastia et à Corte, des manifestations de rue et des débordements très violents des supporters du Sporting Club de Bastia (SCB) ou des membres de la Gjhuventu Indipendentista, un mouvement étudiant, enflamment les nuits corses. Je diligente des enquêtes, puis engage des poursuites. Le point de départ d'une certaine crispation de la jeunesse à mon égard. Cette tension atteint son paroxysme dans les années 2016 et 2017. Des tags menaçants maculent les murs de Bastia. L'un d'eux se suffit à lui-même : « Bessone = Érignac ». Un message on ne peut plus clair.

Cette série d'inscriptions survient après l'attaque, le 15 février 2016, du commissariat de Bastia, qui fait suite aux incidents lors du match de Ligue 1 Reims-Bastia sur le continent. Un supporter bastiais, Maxime

Beux, a été grièvement blessé à l'œil à la suite de l'intervention de policiers de la BAC de Reims. Chauffés à blanc, les supporters corses s'en prennent au commissariat de Bastia et à une station-service contre lesquels ils lancent des cocktails Molotov et des bombes agricoles. La ville vit alors une véritable scène de guerre.

Nous faisons le choix d'agir avec fermeté. Je représente aux yeux des fauteurs de troubles l'autorité de l'État. Il convient donc de me déstabiliser. Le procureur est rapidement assimilé au ministre de l'Intérieur, Manuel Valls, dont le discours sans ambiguïté lui vaut une forte détestation d'une frange de la population insulaire, puis d'être carrément comparé à Hitler en personne... Ces jeunes-là ne font pas dans la nuance. Moi-même, je n'ai pas peur des mots : j'estime que l'attaque du commissariat ou l'incendie d'établissements bancaires ne sont pas des actes politiques, mais l'œuvre de délinquants de droit commun, comme on en rencontre dans les cités du continent. Dès lors, de nouveaux tags fleurissent : « Bessone, les racailles te saluent bien. » Le ton est donné.

La pression ne cesse de monter. Je refuse dans un premier temps d'être placé sous protection policière, estimant que l'autorité judiciaire n'a pas à se claquemurer ni à se couper des Bastiais. Puis je finis par accepter. Je n'ai jamais craint pour ma vie, mais des violences physiques n'étant pas à exclure, mieux vaut s'en prémunir, ne serait-ce que pour maintenir mon autorité.

Cette fermeté est un signal fort adressé aux supporters. Le SCB, club à l'identité corse prononcée, paravent nationaliste pour certains et objet de soutien passionné de tous, reste invariablement un problème lourd à gérer en matière d'ordre public.

Dès mon arrivée, je dois ainsi assumer les suites judiciaires d'un match résolument à problèmes, Bastia-OM, lors de la première journée du championnat en août 2014. La soirée a été marquée par des incidents d'avant-match avec les supporters marseillais qui subissent des insultes à caractère raciste. Une sale habitude sur les terrains de football qui ressurgira lors de la venue de l'OGC Nice à Furiani, où l'attaquant Mario Balotelli essuiera pendant plusieurs minutes des cris de singe.

Cette première affaire me fait immédiatement toucher du doigt la difficulté de rendre sereinement la justice quand elle met en cause des personnalités issues de la mouvance nationaliste ou proche d'elle.

De fait, une avocate, relais des milieux nationalistes, m'approche dans mon bureau. Comme s'il n'existait pas de juge d'application des peines compétent pour traiter sa requête, elle souhaite négocier un aménagement de la sanction pour un supporter condamné à de la prison ferme lors d'une audience de comparution immédiate. Son discours est étonnant : elle me sollicite pour que « je fasse un geste » afin, dit-elle, de « calmer les esprits ».

Je retrouverai régulièrement ce type de discours lors des nombreuses audiences correctionnelles, au cours desquelles de jeunes « nationalistes » comparaissent à la suite de dégradations ou de violences envers des policiers et gendarmes. Les audiences se déroulent dans un palais de justice souvent bunkérisé devant une salle toujours remplie de soutiens. La stratégie consiste toujours, après avoir tout cassé et s'être fait interpeller, à plaider l'« apaisement » !

Lors de mes réquisitions à l'audience, il m'est arrivé de faire la part des choses – notamment quand nous jugeons des jeunes sans passé judiciaire, n'ayant commis que des dommages légers –, mais *a contrario* pour les récidivistes je refuse systématiquement ces « compromis » dictés par la pression du contexte. Je reçois ainsi le soutien de nombreux Corses dans ma démarche. Je regrette sincèrement de n'avoir eu aucun dialogue avec ces jeunes. Ce qui m'est proposé n'est pas un dialogue, mais de céder au rapport de force.

Rixe sur la plage de Sisco

Une autre affaire tout aussi inattendue survient dans la torpeur de l'été 2016. Je termine mes congés à l'étranger quand je reçois sur mon téléphone portable l'appel du colonel David Cazimajou, qui commande la compagnie de gendarmerie de Bastia. L'officier m'indique dans un langage imagé qu'il y a un « pain chaud ». En effet, une violente rixe oppose une famille d'origine marocaine à une centaine de villageois sur une plage du Cap. Un affrontement qui déchaîne les passions.

Lors de mon retour en Corse au troisième jour de l'affaire, je constate effectivement un climat d'extrême tension liée à une surmédiatisation de l'événement. Une partie de la presse voit dans ce dossier la manifestation d'un racisme atavique des Corses envers les Maghrébins. D'autres, au contraire, perçoivent l'expansion croissante d'un islam radical, en pleine polémique sur le burkini.

La réalité est plus prosaïque : point de burkini, mais un « chef de famille », petit délinquant, qui a décidé de privatiser la plage ; point de horde de chemises noires non plus, mais des villageois coupables d'une réaction violente et disproportionnée au milieu des gendarmes auxquels je tiens à rendre hommage. Leur intervention rapide et déterminée a évité l'escalade.

Nous décidons, avec mon adjointe Frédérique Olivaux, d'agir vite en utilisant la procédure de comparution immédiate pour renvoyer devant le tribunal correctionnel les trois frères maghrébins fauteurs de troubles et les deux villageois identifiés par les gendarmes qui, particulièrement excités, ont porté des coups à leurs adversaires évacués sur des brancards.

L'audience se tient devant une salle comble, celle de la cour d'assises réquisitionnée pour l'occasion. 600 manifestants, venus en soutien des deux villageois, campent devant le palais de justice. Les débats s'achèvent à plus de quatre heures du matin sur un verdict équilibré, compris et accepté par les parties avec un grand effort de pédagogie de la présidente du tribunal Anne David, des avocats et du parquet. Je demeure persuadé que l'un des rôles essentiels de la justice est d'agir avec nuance et pédagogie pour parvenir à faire passer son message. En revanche, la justice ne peut, à elle seule, réduire toutes les fractures de la société française. Et *a fortiori* de la société corse.

Vendetta dans la vallée de l'Asco

L'imprévisibilité de la rixe de Sisco, la violence des supporters et des manifestants qui m'a refroidi d'entrée, toutes ces poussées de haine ne présentent naturellement pas la même gravité que les phénomènes de criminalité organisée.

La JIRS de Marseille prend officiellement en charge la plupart des règlements de comptes. Je pense avant tout à la vendetta qui oppose depuis de nombreuses années deux familles sur fond de lutte pour le contrôle de divers trafics dans le centre de la Corse : d'un côté, les Costa, originaires de Moltifao, un village perché près de Ponteleccia ; de l'autre les Mattei, basés dans le village reculé de Corscia dans le Niolu. Entre les deux, la Scala di Santa Regina, long et étroit défilé en forme de canyon sur lequel les règlements de comptes fleurissent, tel le 17 février 2011 où deux membres de la famille Mattei sont abattus dans leur voiture sur le pont de Cuccia. L'année suivante, le 7 août 2012, c'est Maurice Costa, figure de la Brise de mer, qui est abattu au fusil de chasse dans une boucherie-charcuterie de Ponte Leccia. S'ensuit un nouveau bain de sang sur la Scala di Santa Regina… Trois morts liés aux Mattei, en réponse visiblement à l'assassinat de Maurice Costa. Tous ces dossiers sont gérés par la JIRS Marseille avec de très bons résultats en termes d'élucidation.

Crimes impunis dans la plaine orientale

Quant à nous, à Bastia, nous conscrvons d'autres dossiers qui tournent autour du grand banditisme. Parmi eux, la série de règlements de comptes qui ensanglante la plaine orientale. Ce 3 juillet 2013, une voiture, dans laquelle se trouvent quatre personnes présentées comme affiliées à la Brise de mer, est prise sous le feu croisé de tirs de Kalachnikov sur la route qui mène à Silvarreccio, ce hameau de Castaniccia. Jean-Dominique Cortopossi, Jean-Dominique Bonavita et Nicolas Boschetti sont tués. Un quatrième homme est grièvement blessé[1]. Bonavita a trouvé la force de marcher quatre kilomètres pour alerter les secours ! L'enquête semble prouver que les victimes puissamment armées se rendaient elles-mêmes à un règlement de comptes.

Cette zone de la plaine orientale est fort sensible, une microrégion à très fort potentiel de développement en matière d'urbanisme et de tourisme. De ces affaires complexes dans cette région, il ressort, sans entrer dans le détail des dossiers, que des personnes gravitant dans la mouvance nationaliste ont clairement versé dans le banditisme. Évoquons le cas de Charles Pieri, l'un des fondateurs du FLNC. Il fait l'objet de plusieurs condamnations, notamment pour extorsion de fonds. Je remarque qu'à mon époque il purge une peine à Borgo.

1. Jean-François Servetto sera condamné plus tard à six ans de prison par le tribunal correctionnel de Bastia pour « association de malfaiteurs en vue de commettre un crime ».

Pieri apparaît désormais au grand jour aux côtés de responsables nationalistes. Il fut lui-même un temps secrétaire général du mouvement Corsica Libera dont le chef de file n'est autre que le président de l'assemblée de Corse, Jean-Guy Talamoni. Le magistrat que je suis n'a pas d'autre commentaire à faire. Quant au citoyen, vous me permettrez de garder mes sentiments pour moi...

La justice sous influence

Il demeure délicat de juger en Corse des affaires touchant à la criminalité organisée. Je pense en particulier aux pressions directes ou indirectes qui peuvent s'exercer sur les jurés, à cette ambiance souvent délétère, peu favorable à un exercice serein de la justice. Il est compliqué d'être juré en Corse. Sans être forcément approché par une des parties au procès, vous pouvez être tenté de vous autocensurer.

Nous aboutissons ainsi à un véritable cercle vicieux. Le citoyen refuse de se tourner vers l'État. Il estime qu'il n'obtiendra jamais justice. D'un autre côté, certaines personnes rechignent à siéger dans les jurys de cour d'assises et à effectuer leur devoir de citoyen. Il est souvent difficile de composer les listes de jurés de session, la cour recevant de multiples demandes de dispense pour des motifs médicaux et professionnels qui ne semblent pas toujours fondés. Trop de témoins ne se déplacent pas. C'est pourquoi il convient à mon sens que les affaires de crime organisé soient jugées par des cours d'assises spécialement composées de magistrats professionnels, comme en matière de terrorisme ou de trafic international de stupéfiants.

Une grande partie de ma connaissance de la criminalité insulaire se construit par une lente initiation aux particularismes locaux. Je prends l'exemple, peu après mon arrivée en Corse, de l'assassinat, le 7 novembre 2014, d'un lieutenant du clan Federici, au-dessus de Borgo[1]. Mon procureur adjoint, Jean-Luc Lennon, un magistrat de grande expérience, se rend sur place. Je décide, même si j'en ai très envie, de ne pas l'accompagner, une façon de lui témoigner ma confiance et de le laisser gérer la situation. Le patron du groupement de gendarmerie de Haute-Corse m'appelle alors immédiatement. Il me délivre le message suivant : « Vous venez d'arriver, vous êtes le procureur, vous devez absolument vous rendre sur place ! » Première leçon.

Je me déplace donc sur les lieux, ce qui me permet de prendre toute la mesure de cette ambiance corse. Une vraie scène de film. Nous sommes sur une route étroite et escarpée. Au-dessus de moi tournent les hélicoptères de la gendarmerie dans un vacarme infernal. Les fonctionnaires de l'antenne PJ de Bastia débarquent tout aussi nombreux pour revendiquer la saisine. Toute la presse locale est sur place : RCFM, France 3 et *Corse-Matin*. Dans un contexte de concurrence exacerbée entre services, je dois rapidement choisir le meilleur

1. Voir le dernier chapitre, p. 285.

service d'enquête, diriger les premières investigations et donner à chaud une interview.

Je comprends avec cette affaire que l'île, c'est quelque chose de fort et de rare où l'autorité s'incarne. Nous quittons avec le procureur adjoint la scène de crime pour rentrer à Bastia. Par mégarde, nous nous égarons sur la route, ce qui est ici d'une grande banalité. Nous voilà coincés au milieu de plusieurs 4×4. Des hommes visiblement sur le qui-vive en descendent. Venus présenter leurs condoléances à la famille, ils s'inquiètent de cette présence étrangère. Ces garçons à la mine renfrognée se dirigent vers notre voiture. Ils nous expliquent qu'il y a un deuil, que l'on ne passe pas ! Il me faudra parlementer, expliquer que je suis le procureur de Bastia, que j'arrive précisément de la scène de crime. Sans cette diplomatie, je ne sais pas très bien comment les choses auraient tourné…

Je garde de cette journée le souvenir d'une autre scène marquante, surréaliste, celle du frère de la victime s'approchant du corps. L'homme se met subitement à genoux, commence à réciter une prière pour son frère. « Je vous salue, Marie, pleine de grâce… » Puis il se tourne vers moi, l'air grave : « Il ne faut jamais faire de jogging ! » La victime, vêtue d'un survêtement, avait coutume de faire son parcours quotidien, toujours à la même heure. L'homme était donc aisément repérable… et vulnérable.

Le dossier Giovacchini est à classer, lui aussi, dans les affaires insensées. En janvier 2015, Guy Giovacchini regagne son véhicule sur le boulevard Paoli, la grande artère qui mène au palais de justice, quand un tireur armé d'un pistolet 7,65 mm fait feu sur lui à plusieurs reprises. Trois balles atteignent la victime, deux au thorax et une troisième qui termine sa course dans la gorge. N'importe qui serait mort, mais lui trouve le courage de saisir l'arme, puis de frapper son agresseur avec la crosse ! Le criminel, sérieusement blessé par la violence des coups, ne porte aucun papier d'identité sur lui.

J'arrive sur place quelques minutes après les faits qui se sont déroulés à quelques centaines de mètres seulement du palais de justice. Je découvre, stupéfait, les deux hommes allongés côte à côte sur le trottoir. Je demande son nom au tireur. Il me répond en se moquant de moi : « Je suis Charlie. » Cette tentative d'assassinat intervient en effet quelques jours après l'attentat contre le journal satirique. Entre-temps, heureusement, un passant finit par me livrer son nom, m'indiquant que les deux hommes se connaissent très bien. Le conflit entre les deux belligérants est séculaire. Mais manifestement Guy Giovacchini ne souhaite pas que la justice s'en mêle. Entendu par la PJ sur son lit d'hôpital, le blessé indique qu'il refuse de déposer plainte pour (*sic*) ce « léger incident » !

Cette affaire témoigne du fonctionnement local. De la dérision, la *macagna*[1], voire de l'autodérision, même dans les situations les plus extrêmes, et une forte réticence à se tourner vers l'institution judiciaire.

1. La *macagna* est une tradition corse qui consiste à faire des blagues, à se moquer gentiment.

Objectif Giacobbi

De façon plus générale, je suis surpris par cette porosité toujours plus forte entre le crime organisé, les entrepreneurs locaux et les politiques. Avec le recul, je regrette vraiment de pas être parvenu à renvoyer dans un même dossier des politiques et des voyous. Leur consanguinité est pourtant parfois évidente.

Lorsque le système est dévoyé, la figure de l'élu devient centrale parce qu'il est pourvoyeur de subventions, d'emplois et d'autorisations d'urbanisme. Plusieurs élus ont été renvoyés devant le tribunal correctionnel durant mon séjour. Mon dossier le plus emblématique reste celui du président du conseil exécutif de Corse, Paul Giacobbi. À bien des égards, le personnage paraissait intouchable. Issu d'une longue lignée de politiques de tendance radical-socialiste, l'homme fort du PRG[1] fut successivement maire de Venaco, président du Conseil général de Haute-Corse, député de la 2e circonscription de Haute-Corse et était, depuis 2010, président du conseil exécutif de Corse. C'est indiscutablement le personnage politique le plus puissant de l'île.

Dès mon arrivée à Bastia, le procureur adjoint Jean-Luc Lennon, en charge du pôle économique et financier, évoque immédiatement un dossier dont il a perçu les forts enjeux qui concernent l'attribution de

1. Parti radical de gauche, mouvement auquel appartenait également l'ancien maire de Bastia, Émile Zuccarelli.

550 000 euros de subventions pour les gîtes ruraux. La période concernée est celle où Paul Giacobbi préside le conseil départemental de Haute-Corse.

Nous constatons dans un premier temps qu'aucune de ces sommes n'est affectée comme il se devrait au développement de gîtes ruraux, mais bénéficie en réalité à des proches du cabinet de Paul Giacobbi. Je relève une anomalie, cette fois judiciaire : alors que les enquêteurs de la PJ réclament l'audition du président, l'élu n'a jamais été entendu !

L'instruction tourne en rond autour de lampistes pour des chefs d'abus de confiance et escroquerie. Aucune mise en examen pour détournement de fonds publics n'est effective, alors que ces faits sont, selon moi, établis.

Le plus grave dans cette affaire est qu'on ne peut remonter le fil des infractions et des responsabilités sans cette qualification. Le conseil départemental et sa hiérarchie sont considérés comme victimes d'agissements de particuliers indélicats, et non comme maîtres d'œuvre d'un vaste système de détournement à des fins clientélistes. Je ne peux donc à ce stade remonter au cœur de la nébuleuse du conseil départemental.

Fort heureusement, un nouveau juge d'instruction a été nommé quelques mois avant ma prise de fonction. Thomas Meindl est un fin juriste, méticuleux, compétent et courageux. Il demeure d'une extrême courtoisie avec les prévenus et leurs conseils, sans craindre d'aller au fond des choses. Il enclenche immédiatement des poursuites pour détournement de fonds publics. Il commence par retenir les bonnes qualifications

– détournement de fonds publics, prise illégale d'intérêts, recel –, puis procède par étapes en remontant le fil des responsabilités, le conduisant à mettre en examen des élus de second plan, tels que Nano Vinciguerra ou Pierre-Marie Mancini, le directeur général des services Thierry Gamba-Martini, puis le directeur du parc régional Jacques Costa qui a pris la suite de Jean-Luc Chiappini, assassiné en 2013 à Ajaccio.

Je note qu'aucun élément ne relie ce dernier assassinat à l'affaire des gîtes ruraux. Il reste à s'interroger sur la responsabilité du président du département de l'époque, Paul Giacobbi. Sa mise en examen en juillet 2015 est un coup de tonnerre ! Paul Giacobbi se présente dans le cabinet du juge Meindl à neuf heures du matin. On me rapporte qu'il pense que l'audition sera courte. Il a même prévu un vol vers Paris en début d'après-midi. L'interrogatoire, qui fut éprouvant pour l'élu, s'est en réalité terminé à vingt-deux heures…

J'ai le souvenir d'une ambiance étouffante. Une chaleur terrible règne sur Bastia, des journalistes présents en nombre dans les coursives du palais sont pris de malaises. Pour ajouter à la tension, Laurent Bracconi, un commerçant du cours Napoléon, est abattu à la mi-journée de cinq balles devant son établissement[1]. Enfin, l'atmosphère électrique prédomine également au tribunal avec la présence de la quasi-totalité de la population de Belgodère ! Ses habitants débarquent à Bastia pour « soutenir » des jeunes du village dans le cadre d'une

1. Un homme sera mis en examen quelques mois plus tard dans ce qui pourrait, sous toute réserve, être une vengeance personnelle.

procédure de comparution immédiate. Je dois donc gérer trois situations qui, si elles n'ont aucun lien entre elles, sont très chargées. Je garde le souvenir d'une journée vraiment incroyable que seul l'exercice professionnel en Corse est de nature à procurer.

Paul Giacobbi est mis en examen dès vingt-deux heures. La fin des intouchables dans l'île ? Les médias ne manquent pas de rappeler sa proximité avec la garde des Sceaux de l'époque, Christiane Taubira. Nous avons, je l'espère, démontré que la justice voulait et pouvait passer. Je n'ai subi aucune pression de quelque nature que ce soit durant mon séjour en Corse. Bien au contraire, j'ai toujours bénéficié du soutien plein et entier du procureur général Franck Rastoul, un homme exigeant, d'une grande intelligence et finesse d'analyse qui a toujours encouragé mon action.

Les étranges conseillers du président

Il nous a cependant été reproché de ne pas avoir poursuivi l'un des conseillers les plus proches de Giacobbi, décrit à tort ou à raison comme proche de la Brise de mer, « Mimi » Viola. Je tiens à souligner que nous nous devons de raisonner en juristes. Les éléments recueillis à l'issue de l'information ne permettaient pas de renvoyer Augustin Dominique Viola devant un tribunal correctionnel. Cela étant, au cours des débats devant le tribunal de Bastia et au fil des interrogatoires, son rôle est apparu plus prégnant. Je lui ai donc proposé par média interposé – et après avoir obtenu l'accord de la présidente du tribunal correctionnel Michelle Saurel – d'apporter son témoignage « spontané » à l'audience. Il n'a malheureusement pas répondu à cette invitation.

Je dois ici évoquer le cas d'un autre conseiller de Paul Giacobbi, Dominique Domarchi[1], et celui de Jean Leccia, directeur général des services du conseil départemental, tous deux assassinés. Leurs ombres ont pesé tout au long du procès, mais j'estime qu'aucun des deux n'a été assassiné en relation avec le dossier des gîtes ruraux, même si Jean Leccia a certainement été abattu pour des raisons liées à son poste très en vue. Ce qui est frappant, en revanche, c'est l'organisation d'assassinats au sein même du sommet de la hiérarchie de cette institution.

Paul Giacobbi a été condamné en première instance à trois ans de prison ferme, cinq ans d'inéligibilité et 100 000 euros d'amende. En appel, cette peine a été réduite à trois ans avec sursis et 25 000 euros d'amende. La peine d'inéligibilité n'a pas varié. Paul Giacobbi, ayant formé un pourvoi en cassation, est donc toujours présumé innocent.

1. Le 21 mars 2013, Dominique Domarchi est assassiné en rentrant à son domicile de Sant'Andrea di Cotone après une soirée électorale. Une semaine auparavant, il avait été mis en examen par le juge Charles Duchaine, de la JIRS de Marseille, dans une affaire de marchés truqués et de détournement de fonds publics touchant le conseil départemental de Haute-Corse. La victime semblait prête à faire certaines révélations…

Quand les entrepreneurs se lâchent

Quoi qu'il en soit, il a été dit dans le microcosme corse que la mise en examen de Paul Giacobbi fut un véritable déclencheur. J'ai ainsi reçu de nombreux courriers anonymes circonstanciés qui m'ont permis d'engager des enquêtes sur des bases sérieuses. Sortis de l'ombre, des entrepreneurs se sont confiés aux services d'enquêteurs. Ils ont enfin accepté de témoigner de certaines pratiques qui ont débouché sur la condamnation de chefs d'entreprise, de notables et d'élus.

Même s'il convient de rester modeste au regard de l'ampleur de la tâche, un début de cercle vertueux est apparu, les affaires appelant les affaires. Je pense en particulier aux malversations de Gilles Brun, adjoint à l'urbanisme à la mairie de Calvi, dans le cadre d'une enquête qui a permis la mise en cause d'un notaire de Calenzana, maître Ciavaldini. Il est reproché à Gilles Brun d'avoir favorisé la vente d'un terrain communal destiné en fait à son fils par l'intermédiaire d'un prête-nom. L'élu est condamné en juillet 2015 à une peine d'emprisonnement ferme avec mandat de dépôt et privation des droits civiques.

Dans un autre dossier, il lui sera reproché d'avoir favorisé son beau-frère dans l'attribution de cinq marchés publics quand il était président de la communauté de communes de Calvi Balagne, dont la réalisation d'un complexe et d'un parcours sportif. *In fine*, Gilles Brun a été condamné pour ces nouveaux faits de prise illégale d'intérêts, en mai 2017, à dix-huit mois de prison avec sursis, cinq ans d'inéligibilité et 5000 euros d'amende.

À travers ces affaires jugées, nous démontrons que dans un petit tribunal comme celui de Bastia nous sommes aptes à traiter de front ces dossiers sensibles. Je pense que la société corse l'apprécie. J'ai un souvenir précis qui traduit bien cet état d'esprit. Je me trouve dans une boucherie quelques mois avant mon départ. Un homme d'âge mûr s'approche. Il me reconnaît, me prend par le bras et me dit : « Je regrette que vous n'ayez pas été là voici vingt ans. Avec vous, je pense que mon fils serait toujours vivant car il est mort à cause de leurs conneries » ! Je n'en saurai guère plus, ni sur son identité, ni sur les faits concernés. J'ai compris que ce que désigne mon interlocuteur sous le vocable de « conneries » vise la dérive politico-mafieuse ayant cours depuis une vingtaine d'années, au grand regret de l'immense majorité de la population. Je ressens combien la faiblesse de la justice en Corse peut être nocive. Sur l'île de Beauté, la faiblesse tue !

Nous nageons dans un formidable paradoxe. Les Corses se méfient de la justice. Dans le même temps, l'opinion est très sensible au fait que nous fassions notre travail. Je le dis avec le recul et l'expérience, les Corses sont des gens qui aspirent à la normalité. Ils veulent que la justice passe, que les magouilles soient révélées au grand jour. Cela étant, le plus souvent, ils ne nous apportent aucune aide directe. Dans ce contexte ambigu, je pense toutefois qu'il existe un passage étroit où se faufiler pour engager un cercle vertueux.

Éviter les risques de connivence

À ce propos, il est très symbolique de relever que le premier repenti de France, qui a permis de grandes avancées dans la résolution de l'assassinat d'Antoine Nivaggioni, soit corse[1]. Qui aurait pu croire à une chose pareille vingt ans en arrière ?

Plus largement, on ne doit pas hésiter à appliquer les mêmes techniques d'enquête utilisées pour le crime organisé à la délinquance économique et financière. La police judiciaire les met en œuvre, avec un certain succès, dans le dossier des emplois fictifs de la collectivité territoriale de Corse (CTC) ou du financement de la villa du sénateur Joseph Castelli[2] . Mais, vous comprendrez, ces dossiers étant toujours en cours, que je ne rentre pas plus dans le détail de ces affaires.

La montée au pouvoir des nationalistes aura-t-elle des effets sur les malversations affairistes ? Je pense sincèrement que la probité ne dépend pas de l'appartenance à tel ou tel parti politique ou clan. Elle relève

1. Antoine Nivaggioni, proche du leader nationaliste Alain Orsoni, est assassiné en octobre 2010 à Ajaccio. Le repenti Patrick Giovannoni est à l'origine par ses confessions de la condamnation en 2018 des auteurs de cet assassinat.

2. Il s'agit de la construction de la luxueuse villa du sénateur Joseph Castelli à Penta di Casinca. Dans ce dossier, un entrepreneur reconnaît devant les enquêteurs de la PJ avoir participé à la construction de cette villa quasi gratuitement… en échange de l'obtention d'un important marché public : l'édification d'une médiathèque sur le site d'une ancienne usine désaffectée. Joseph Castelli est mis en examen pour recel d'abus de biens sociaux, corruption passive et blanchiment de fraude fiscale. Il reste présumé innocent. Deux autres chefs d'entreprise sont mis en cause pour avoir réglé des factures du sénateur en échange de l'obtention de marchés publics.

d'un état d'esprit. Si la société corse ne fait pas son *aggiornamento*, les mêmes causes produiront à terme les mêmes effets avec les mêmes visées clientélistes.

Le problème récurrent demeure celui de la pression potentielle sur les élus pour obtenir des prébendes, des subventions. Sans parler du racket que subissent beaucoup de chefs d'entreprise. Je suis intimement persuadé que cette île ne peut correctement se développer sans sortir de ce système.

Avant mon arrivée dans l'île, des magistrats m'ont aidé. Des gens comme Christophe Perruaux, qui a occupé successivement les fonctions de substitut en Corse et de juge d'instruction à la JIRS de Marseille, ou Damien Martinelli, également ancien du parquet JIRS. Ils m'ont décrypté les particularismes corses. J'en avais besoin. Je sais, après les avoir écoutés, que ma légitimité, je la tirerai de mon impartialité. Aucun écart n'est possible. C'est pourquoi je dois éviter le contact avec les notables locaux, parfois trop impliqués dans des relations sulfureuses.

J'ai touché de près la problématique corse, je l'ai touchée du doigt durant mes trois années passées à Bastia. J'ai rapidement compris que les apparences constituent un aspect très important de la vie sur l'île. La Corse est une microsociété où tout se sait, tout se voit. Mes seuls amis durant ce séjour furent un couple de Corses, Marie-Paule et Albert, qui m'avaient été présentés par un magistrat du continent. Je pense souvent à cet homme bon à la personnalité solaire, souvent avec tristesse à la suite de son décès cet hiver d'un cancer.

Au cours de mon séjour, ma femme, magistrate comme moi, me rejoint, ainsi que mon fils cadet qui joue au rugby avec celui de Gilles Simeoni ! Ce sera mon seul rapport de proximité avec la sphère nationaliste… Ce séjour est humainement parfois compliqué à vivre. J'éprouverai un grand sentiment de solitude jusqu'à l'arrivée de mes proches.

Longtemps j'ai fonctionné sans protection policière, mais elle s'impose peu à peu devant les menaces, de plus en plus explicites. Pourtant, elle implique une vraie perte de liberté. Un seul exemple, tout bête : l'été, il m'est impossible de me rendre à la plage. Trop de contraintes. Je suis constamment accompagné de mes gardes du corps lors de mon jogging. Très sympas, ils me donnent des conseils avisés pour mieux respirer durant la course. « Redressez la tête, monsieur le procureur. » C'est agréable, certes, mais au bout d'un moment, c'est, comment dire, pesant.

Je me dois de fédérer autour de moi les magistrats en place, d'où la nécessité de travailler en synergie, de former un bloc, d'aller tous dans la même direction. J'ai eu de la chance avec l'équipe du parquet composée de manière équilibrée de magistrats d'expérience, de vrais soldats – je pense ici à Jean-Luc Lennon, Yves Paillard, Frédérique Olivaux et Monique Pla –, mais également de jeunes collègues, dont certains à peine sortis de l'école de la magistrature, ont été capables de traiter des dossiers à forts enjeux – je pense ici à Romain

Manie-Samson[1], Jennifer Roussie, Vanina Lepaul-Ercole, Clémence Olivier, Coralyne Chartier et Aurélie Belloli.

Si le parquet de Bastia a obtenu quelques succès, je le leur dois aussi. J'éprouve encore aujourd'hui une certaine nostalgie en me remémorant ces moments de convivialité quand nous nous retrouvions le vendredi soir dans la cour arrière du tribunal, sous le clémentinier, autour d'une bonne bouteille de patrimonio, à refaire le monde judiciaire. L'exercice de la justice en Corse, au-delà des dossiers, est avant tout une extraordinaire aventure humaine.

Si nous avons essayé de « faire le job » dans le cadre de la circulaire pénale territoriale de Christiane Taubira, nommer un procureur comme moi, avec ce parcours, ne fut pas neutre. La preuve que nous nous trouvons aujourd'hui dans une phase de reconquête républicaine sur le territoire. La justice doit tenir toute sa place dans ce processus. C'est un élément susceptible de générer de nouveau un lien fort entre la République et l'île.

Je vous livre un dernier souvenir sur le chemin qu'il nous reste à parcourir. C'était le jour de la signature à la préfecture de Bastia d'un contrat de ville. J'étais présent en compagnie de sept ou huit élus corses, tous mis en examen dans des dossiers financiers ! La signature s'est déroulée dans une ambiance vraiment étrange…

1. Voir le dernier chapitre, p. 271.

9

Romain Manie-Samson, l'affranchi

À l'origine, ce fils d'un père enseignant en histoire et d'une mère juriste de formation n'est pas promis à la magistrature. Ce monde lui paraît même un temps inaccessible. La vocation lui vient toutefois progressivement, à travers les figures des « grands juges ».

Romain Manie-Samson devient ainsi magistrat, plusieurs années après en avoir fait le vœu, avec l'idée de rester fidèle à cette soif de justice acquise dans sa jeunesse grâce à un événement majeur, la libération de Nelson Mandela. Et c'est ainsi qu'après un long travail de préparation au concours de la magistrature, une formation de trente et un mois à l'ENM de Bordeaux suivie d'un stage, il débarque pour son premier poste en Corse en septembre 2014, riche ou alourdi – c'est selon – de ces ambitions de jeunesse.

Puis il est affecté comme substitut du procureur de la République en septembre 2014, à Bastia. Il y demeurera jusqu'en septembre 2017, date à laquelle il quitte la Corse pour rejoindre le parquet d'Évry, dans le sillage du procureur Nicolas Bessone qui l'avait guidé sur ce terrain miné qu'est l'île de Beauté... avant, lui aussi, de larguer les amarres.

« Je suis le Gaulois »

À mon arrivée sur l'ile, tout semble commencer sous les meilleurs auspices. La Corse est une île magnifique, voire magique, entre ciel et mer. Je la connais un peu depuis mes nombreuses visites à ma sœur qui y réside depuis plusieurs années. Mon stage pénitentiaire de deux semaines au sein de la maison d'arrêt d'Ajaccio me permet de m'initier à la réalité corse. Le lien entre ses habitants et la nature me touche déjà profondément.

Lorsque j'y débarque, en août 2014, c'est donc avec tous ces souvenirs en tête, l'enthousiasme du débutant et le sentiment que se trament sur cette île des affaires hors norme.

J'imagine ainsi les mois à venir avec sérénité, conscient qu'il me faudra fournir un investissement professionnel conséquent, s'agissant d'un premier poste où tout sera nouveau pour le jeune magistrat que je suis. Je suis convaincu que je ne peux trouver meilleur environnement pour m'épanouir dans ces premiers pas.

Et j'ai la chance de bénéficier d'un mois de vacances pour m'installer, prendre contact avec les lieux, potasser sous le soleil les quelques ouvrages incontournables et recommandés sur l'île et ses spécificités. J'ai déjà le sentiment qu'ici les choses sont un peu différentes. Mes collègues d'Épinal, de Fort-de-France ou même de Bobigny ne traînent en effet aucune bibliographie à avaler avant leur prise de fonction. On s'étonne parfois de mon choix et on me questionne : n'ai-je pas peur ?

Un peu d'appréhension, certes, par rapport à mes nouvelles fonctions, mais j'ai vraiment hâte de commencer...

C'est l'heure de la rencontre avec mes collègues et le premier d'entre eux, le procureur Nicolas Bessone[1]. Sa détermination, rapidement affichée en audience de rentrée solennelle, à s'attaquer aux affaires sensibles et à la grande délinquance me marque. Loin d'être un simple affichage ou une posture, mais une réalité sans cesse remise sur l'établi. Je comprendrai plus tard que la chance qui a été la mienne de commencer mes fonctions de magistrat sous de si bons auspices est véritablement le fruit d'une volonté politique de traiter la question corse avec fermeté.

Suis-je légitime ?

Deux ans auparavant, le 23 novembre 2012, Christiane Taubira diffuse une circulaire de politique pénale territoriale ambitieuse pour la Corse, à la suite d'assassinats en série de notables de la société corse, et notamment du bâtonnier Antoine Sollacaro, tué le 16 octobre 2012.

Bref, très vite me voilà dans le bain. Malgré mon inexpérience, le procureur me responsabilise beaucoup, comme il le fait avec l'ensemble de son équipe. Je sens son attachement au travail collectif, à la cohésion du parquet, à l'idée de faire avancer les dossiers, et ce dans tous les domaines.

1. Voir le chapitre précédent, p. 243.

Évidemment mes premières fonctions ne me placent pas tout de suite en première ligne sur les affaires brûlantes touchant aux grands groupes criminels. En charge du parquet civil, des mineurs et de la famille, poste généralement confié aux magistrats « sortant d'école », j'occupe ce poste pendant un peu moins de deux ans. Mais je perçois déjà, à mon humble niveau, cette volonté de traiter tous les dossiers en profondeur, sans peur de déplaire. J'ai le sentiment qu'en Corse, même les affaires les plus « simples » ou « banales » prennent souvent une tournure particulière. Tout est rapidement « symbolique » et cristallise les grandes questions qui traversent la société corse : Quelle place accorde-t-on à l'État et à la justice au sein de la « famille corse » ? Quelle fonction pour l'État dans les violences intrafamiliales ou parentales en Corse ; et dans les violences tout court ? Appartient-il vraiment à un tiers (l'État ou la justice), extérieur à la société corse, de réguler les rapports sociaux insulaires ?

Ces questions de légitimité – que je ne pensais pas ressentir de manière aussi aiguë, aussi rapidement – sont omniprésentes ; y compris dans le contentieux qui est le mien à mes débuts. Je les aborde avec l'esprit de mon parquet, désireux de bien faire, conscient que notre légitimité se construit dans « le faire » ou « l'agir ». De mes premiers souvenirs de magistrats, j'en retire ainsi l'impression d'avoir un vrai rôle à jouer, une vraie fonction sociale, parfois y compris « contre » l'ordre social insulaire…

Peu à peu, mon spectre s'élargit. Sous l'impulsion notamment d'Yves Paillard – vice-procureur de la République, alors en charge de la lutte contre la criminalité organisée et véritable mémoire du parquet de Bastia pour y officier depuis plus de six ans –, je suis sensibilisé aux dossiers de trafic de stupéfiants qui, loin d'épargner l'île de Beauté – comme les slogans *a droga fora* inscrits ici et là sur les murs de la ville de Bastia pourraient le laisser penser –, constituent une part importante de l'activité de notre parquet et de celle des services de police ou gendarmerie. Puis progressivement je suis confronté à la criminalité organisée, qui sort des livres pour devenir réalité, devenue l'objet de notre travail collectif au parquet de Bastia. Des gens de qualité, animés par une même dynamique, m'entourent.

Parallèlement à cet apprentissage, je parfais mon initiation à la question corse *via* mes contacts avec les « locaux », partenaires institutionnels, greffiers, avocats et surtout justiciables. Je perçois alors que, en dépit de la cohésion qui anime notre parquet, nous sommes isolés. Tout le corps judiciaire semble l'être également. Porté par l'idée que je suis au service du public, je suis en réalité rapidement renvoyé au statut de *pinzutti*, l'étranger qui ne fait que passer, celui qui, de toute façon, ne comprend pas le « peuple corse ». Je suis le « Gaulois », comme aime nous nommer, non sans humour mais aussi suspicion, une partie de la jeunesse corse, se proclamant nationaliste.

Au départ, je n'y prête pas trop attention, j'ai bien assez à m'occuper, vampirisé par les nombreuses questions de droit pénal, de fond ou de forme, qui me sont posées, ainsi que par l'enchaînement de mes semaines de permanence et audiences à raison de deux à trois hebdomadaires.

Mais, insidieusement, ce climat de défiance s'ancre dans mon quotidien, devient une constante. On me fait rapidement comprendre que je ne suis pas légitime à «juger» la société corse. Au demeurant, cela ne semble pas relever de mes attributions; je pense alors naïvement que mon rôle reste uniquement de défendre des dossiers…

J'avoue humblement que j'ignorais que servir en Corse impliquait d'être dépositaire d'autant de responsabilités et, en praticien du droit, je ne le pense toujours pas. Or, nous sommes le produit d'une longue et complexe histoire qui lie l'État à cette région. On ne cessera de me faire passer le message clairement à plusieurs reprises. Ainsi, en 2015, je suis chargé d'une affaire de détention d'arme par un mineur – le garçon a tiré, un soir d'élection, à proximité du local d'un élu de l'opposition – et un éducateur de la protection judiciaire de la jeunesse me rappelle que «les armes en Corse sont issues d'une longue tradition liées aux nombreuses invasions de l'île, des Génois jusqu'aux Français, (…) on ne peut pas vraiment saisir quand on est du continent, tout cela s'inscrit dans une histoire (…) il faut comprendre ce jeune» !

Un avocat, Jean-Sébastien de Casalta, qui n'est pas encore bâtonnier de Bastia, m'explique également à la barre qu'il n'y a pas lieu de s'inquiéter si son client, poursuivi pour travail dissimulé, effectue l'achat en espèces pour plus de 20000 euros d'une BMW X5 !

Le prévenu, lui, affirme, non sans panache, inconscience ou culot, ne pas avoir de sous et manquer de tout. On m'assène que, contrairement à ce que semble penser « Monsieur le substitut, qui n'est en réalité pas présent en Corse depuis assez longtemps pour le comprendre (...), que pour un Corse, avoir une belle voiture c'est essentiel, on se saigne pour cela » ! Que vu en outre le « jeune âge de monsieur le substitut », il est normal qu'il ne puisse pas comprendre ce souci qu'ont les Corses de prendre « toute leur place » dans « leur société » ...

En réalité, le *pinzutti* que je suis a trop bien saisi que celui qui revendique si ardemment sa « corsité » dissimule des ressources inavouables. Le symbole d'une circulation hors norme d'espèces et donc de l'existence d'une économie souterraine en Corse, et non simplement d'un amour inconditionnel pour les grosses cylindrées...

Cette opposition entre magistrats, principalement « continentaux », et avocats, quasi exclusivement « corses », entre ceux qui passent (moi), et ceux qui restent (eux), s'affirme dès le départ.

Peu de temps après mon arrivée, courant novembre 2014, une grève est lancée par les avocats. Les robes noires bastiaises se mobilisent contre la mise en examen du bâtonnier d'Ajaccio, Dume Ferrari, qui est mis en cause dans un dossier de terrorisme, une enquête sur des attentats commis contre des gendarmeries un an plus tôt. L'ambiance est tendue, du sud au nord de l'île. Le bâtonnier de Bastia monte lui-même au créneau en prônant un interdit de barre pour tous les avocats bastiais[1] !

Nous voilà confrontés durant plusieurs semaines à un vrai mouvement de rejet à l'égard de l'institution judiciaire. Un mouvement qui s'éternise. L'institution se retrouve divisée en deux, entre des magistrats qui défendent l'indépendance de la justice, demandent qu'on la laisse travailler et souhaitent éviter que le service public de la justice ne soit perturbé par cette question judiciaire individuelle, et des avocats qui affichent leur solidarité avec leur confrère au nom des droits de la défense. J'avoue que je n'ai pas très bien compris la position de ceux avec qui nous échangeons pourtant au quotidien…

Cette dualité permanente entre « ceux du cru » et les « envoyés de l'État » me poursuit également sur le terrain extraprofessionnel.

Je suis célibataire à mon arrivée. J'entretiens assez vite une relation avec une insulaire rencontrée à Bastia. Mais les choses se compliquent rapidement. Nous passons de bons moments, je parle peu de mon travail, puis mon amie me fait rapidement comprendre qu'elle entend me solliciter pour des « services ». Les requêtes n'ont rien d'extraordinaire, elles touchent à la vie courante. Mais il s'agit tout de même de petits services entre amis. Je mets bien évidemment immédiatement un veto pour des motifs professionnels et éthiques.

1. Ainsi les avocats ne plaident plus et cela bloque le jugement des affaires.

J'explique les choses, je m'en excuse, je crois que je me fais comprendre, mais elle m'explique que « en fait (je suis) bien un *pinzutti* », que je ne comprends pas... La relation se termine ainsi aussi vite qu'elle a commencé. L'été est bien derrière moi.

Je crois pouvoir dire finalement que ma position de magistrat est mal comprise. Trop souvent, de manière facile, on me renvoie à ma position d'étranger, c'est-à-dire de non-Corse. Entrer dans le circuit des petits arrangements m'aurait en quelque sorte permis d'intégrer le cercle de la société insulaire. Je ne le perçois pas immédiatement, mais comprends ensuite que cet épisode marque un tournant. Alors que j'étais convié à des soirées corses, les contacts s'amenuisent. Je me plonge d'autant plus dans le travail.

Sur le plan de mes fonctions justement, je constate que la société corse est pleine de contradictions, qu'il y a un grand intérêt pour les affaires judiciaires à la une de *Corse-Matin*, le journal local, et qu'en même temps la volonté de régler « ses » problèmes soi-même sans faire appel à l'État ou la justice est constant.

Là où l'hyperjudiciarisation des conflits mine la société française – je le découvrirai plus tard dans le cadre de mes fonctions à Évry –, ce danger ne menace pas la société corse, loin de là. Et ce, dans tous les domaines... En matière d'assistance aux mineurs par exemple, il appartient au conseil départemental de gérer les signalements de mineurs en péril. Mais je constate que très peu de signalements sont lancés sur l'île. Car cela ne concernerait pas l'État, mais les Corses et leurs familles !

Priorité au grand banditisme

En dépit de ces découvertes édifiantes et malgré mon jeune âge, je commence tout de même à faire mes «classes». Je gère progressivement des dossiers plus lourds, comme l'affaire dite du «disparu de Cambia». Le 13 novembre 2014, le corps d'Yves Louys, un retraité de 61 ans, est retrouvé dans le maquis, le crâne explosé par une décharge de chevrotine. Après le double acquittement en première instance de la compagne de la victime et d'un ami de celle-ci, l'affaire a récemment été portée devant la cour d'appel.

Je procède par ailleurs à l'un de mes premiers transports sur scène de crime lors d'une affaire sordide : la découverte d'un buste démembré dans le défilé du Lancone, en Haute-Corse. Le suspect, un homme au lourd casier judiciaire, venu de Marseille retrouver ses origines corses, héberge un SDF de 49 ans éliminé dans des circonstances terribles. Un crime vraiment sordide, toujours en cours d'instruction.

Puis, le 7 novembre 2014, j'entraperçois de loin la grande criminalité. Un automobiliste découvre le cadavre d'un homme, abattu de plusieurs décharges de chevrotine sur une route entre Vignale et Borgo. Grâce à cette première affaire, j'apprends que le fusil de chasse est une arme prisée par les tueurs, car le plomb n'a pas d'identité balistique et ne génère pas de repères au niveau du canon de l'arme. Ne pouvant ainsi être identifiée, l'arme de chasse est très prisée des voyous. Le dossier est aussitôt transmis à la JIRS.

Mais, à Bastia, nous avons compris qu'il s'agit là d'un travail de professionnel pour éliminer cet homme de 53 ans qui, comme chaque matin, était parti à neuf heures faire son jogging. La victime, Jean-Daniel Geronimi, est un individu au lourd passé judiciaire, condamné notamment pour extorsion de fonds et détention d'armes. Il est présenté comme un membre de la redoutable équipe des Bergers braqueurs de Venzolasca, que je m'apprête à découvrir. L'initiation aux subtilités des clans mafieux continue.

Cette période est propice à un véritable travail de fond pour suivre les différentes ramifications de la grande délinquance dans l'île. Car, qu'il s'agisse d'Ange-Toussaint Federici, de Jacques Mariani ou encore de Dominique Costa, ceux que l'on présente comme les principaux chefs de clan sont soit en prison, soit en cavale. Puis, globalement, les règlements de comptes sont moins nombreux. En novembre 2014, on dénombre onze homicides depuis le début de l'année. L'eau qui dort, selon le sentiment général. Mais cette relative diminution des assassinats et tentatives d'homicides – certaines années, ce sont plus de vingt règlements de comptes qui sont recensés – permet à notre parquet de travailler dans de bonnes conditions.

À l'époque, le contexte est également plus apaisé du côté du terrorisme insulaire qui ne mobilise plus les énergies judiciaires. Le FLNC a déposé les armes, les fameuses « nuits bleues » ne sont plus d'actualité, ce qui crée un appel d'air et un transfert des moyens d'enquête vers le grand banditisme, devenu la cible numéro un avec les affaires financières impliquant du personnel politique. J'insiste à ce propos sur la qualité du travail qui sera mené à cette époque par le parquet, l'instruction, la police et la gendarmerie, notamment les antennes bastiaises de la PJ et de la section de recherches.

Nous avons bénéficié de ce contexte favorable pour opérer une véritable mutation, puis saisi l'occasion de la « circulaire Taubira », déjà évoquée, qui consacre le rôle du pôle économique et financier de Bastia et insiste sur la nécessité d'améliorer l'échange d'informations entre services. Sous l'autorité de Nicolas Bessone, ainsi que de Franck Rastoul, procureur général près la cour d'appel de Bastia, cette volonté d'une meilleure coordination irrigue tout notre travail, notamment dans nos relations avec les JIRS de Paris ou de Marseille, que nous rencontrons plusieurs fois par an. Nous entretenons des relations de confiance propices à un travail efficace.

À cette époque, la JIRS de Marseille, tant décriée sur l'île, commence à marquer des points. Je pense notamment au triple assassinat du pont de Castirla, ou encore à la condamnation par le TGI d'Ajaccio des jumeaux Pantalacci dans l'affaire de la discothèque Le Sun[1]. Marc et Dominique sont les fils de Francis Pantalacci,

1. Les « jumeaux » sont condamnés à sept ans de prison en 2010 pour avoir déclenché une fusillade dans cette discothèque d'Ajaccio. Une jeune femme a été grièvement blessée.

un ancien militant nationaliste du MPA, très proche d'Alain Orsoni. Ces affaires emblématiques illustrent la volonté de travailler directement sur les « équipes » de malfaiteurs et, dans la mesure du possible, d'avoir un coup d'avance sur leurs tentatives de mise sous coupe réglée de l'île de Beauté.

Mais notre parquet reste vigilant. Le souvenir de la flambée de violences ayant touché la plaine orientale entre 2008 et 2012 reste vivace. Le nombre de morts avait dépassé la dizaine... Nous savons donc à quel point les équilibres sont précaires et combien il nous faut poursuivre notre travail sur ces grands groupes criminels pour se positionner si les armes viennent de nouveau à parler.

J'entre dans ces dossiers, en quelque sorte par la bande, à travers notamment mon rôle de référent auprès de la commission d'indemnisation des victimes, juridiction saisie par les proches des personnes décédées afin d'obtenir réparation du préjudice causé. À cette occasion, je découvre au plus près les affrontements entre mafieux et nationalistes, voire pseudo-nationalistes... Comme à propos du dossier de la construction du complexe immobilier des villas « Melody » dans la plaine orientale, autour duquel on compte près de cinq morts, entre voyous reconvertis, entrepreneurs de BTP et nationalistes historiques.

Cette affaire met en scène l'affrontement entre Jacques Paoli, proche du mouvement nationaliste, et Christian Leoni, présenté comme le comptable de la Brise de mer. Ce conflit est marqué par des plastiquages réciproques. L'assassinat de Christian Leoni suivra de près celui de Jacques Paoli. Le FLNC revendique l'assassinat de Leoni au nom de la lutte contre l'affairisme. On perçoit ici le mélange d'intérêts politiques et personnels. L'enquête va progresser. Le nationaliste Cédric Courbey, membre de Corsica Libera, a été mis en examen depuis. Présumé innocent, il devrait comparaître début 2019 devant la cour d'assises spéciale de Paris.

Le clan Pieri

Je découvre également à cette époque le « clan Pieri » *via* Christophe Pieri, fils de Charles Pieri, l'une des figures emblématiques du FLNC. Nous sommes informés, en août 2015, que Christophe Pieri a été blessé aux jambes à la suite d'une décharge de fusil de chasse. Les services enquêteurs effectuent alors une perquisition à son domicile de Prunelli di Fium'orbu, en plaine orientale. Des armes sont saisies. Le fils Pieri affirme qu'il s'est blessé tout seul en manipulant sa carabine, ce qui ne manque pas de nous surprendre, pour ce fin connaisseur, déjà victime d'une tentative d'assassinat en février 2013, près de Migliacciaru…

Le fils du leader indépendantiste, revenu sur le devant de la scène ces derniers temps, a par ailleurs été condamné en 2008 à six ans de prison pour extorsion de fonds. Pieri fils, aujourd'hui « dans les agrumes », comme il me le confie lors de son déferrement pour détention illégale d'armes de catégorie C, se dit victime d'un acharnement de l'État. Affirmation commodément répétée ici ou là. D'acharnement il n'y a en réalité jamais eu. Le procureur Bessone avait une maxime : «La loi, rien que la loi.» Nous l'avons appliquée. Christophe Pieri le sait d'ailleurs très bien.

Cette affaire a au moins le mérite de nous confirmer que la région de la plainte orientale est l'un des axes de conflit entre factions nationalistes clandestines et grand banditisme. C'est un secteur en plein développement lié au tourisme. De vastes zones foncières sont l'objet de toutes les convoitises pour y édifier hôtels et autres complexes touristiques. Un combat entre «chefs à plumes» s'y déroule pour le contrôle de ce territoire et les enjeux ne sont plus politiques mais financiers.

L'un des épisodes les plus forts survient le 3 juillet 2013, lors de «la tuerie de Silvareccio». L'une des victimes, Jean-Dominique Cortopossi, ainsi que le seul survivant, Jean François Servetto, sont liés à la Brise de mer et à Christian Leoni. Je découvre à l'occasion de l'examen de cette affaire – toujours en cours d'instruction – les liens et alliances complexes qui peuvent se nouer en matière de banditisme. Je perçois alors le grand pragmatisme de ceux qu'on qualifie de «voyous à l'ancienne» mais qui agissent en réalité en réels «businessmen» des temps modernes, que rien ne dérange plus qu'un peu trop de désordre…

Le règne de l'omerta

Je découvre également le clan Federici dans les mêmes conditions. Par la bande. Les Bergers braqueurs de Venzolasca, comme les appellent les journalistes, auraient comblé le vide laissé par la guerre des Parrains corses[1], entre 2008 et 2012. À cette période, les Bergers sont déjà vus comme puissants. On dit d'eux qu'ils ont accumulé un « trésor de guerre » dans les braquages, à l'image de la Brise de mer.

Je suis amené à travailler sur le clan Federici après une rixe suivie de coups de feu, survenue en marge d'une soirée en boîte de nuit et impliquant l'un des fils, Pierre-Jules Federici, condamné depuis en appel dans ce dossier[2].

C'est peut-être à l'occasion de cette affaire que j'ai le plus senti cette chape de plomb, cette ambiance propre aux dossiers corses. Le plaignant, atteint de quatre balles au niveau des jambes – « une jambisation » dans le jargon –, donne au départ une description précise de Pierre-Jules Federici permettant de l'impliquer formellement. Les investigations recoupent cette description. Puis il se tait avant de disparaître et revenir sur ses déclarations. Gagné par la peur, comme il l'explique, il refuse finalement de se constituer partie civile et de se présenter au procès. Nous comprenons que, lors de ses premières déclarations, il ignorait qui il mettait en cause. Il l'a appris depuis…

Lors de l'audience de première instance, la salle est étonnamment vide, ni presse ni public. D'ordinaire de telles audiences sont bien garnies. Le voile est jeté sur un dossier qui me fait toucher du doigt ce qu'est

1. Voir le livre éponyme de Jacques Follorou, Flammarion, 2013.
2. À trois ans de prison, dont 18 mois avec sursis et mise à l'épreuve, par la cour d'appel de Bastia.

l'« omerta ». Quand le silence et la frousse deviennent des acteurs à part entière…

Un autre dossier marquant pour moi sera celui de la vendetta entre les familles Costa et Mattei, dans le Niolo. Officiellement, il s'agit d'une affaire d'honneur, mais cette lutte à mort dissimule des intérêts bien différents. Je découvre ici l'une des marques de fabrique des dossiers corses : l'habillage. L'invocation de grandes lois et de valeurs, là où on ne trouve en réalité que convoitise et intérêts…

On arrête un homme avec une arme. Il dit qu'il est menacé, qu'il craint pour sa sécurité. Une peur nourrie par des motivations qu'il ne peut expliciter plus en détail, mais dont il garantit qu'elles sont honorables, courageuses, voire guidées par la défense de l'intérêt général ou de l'« esprit corse ». Jamais les intéressés ne viendront revendiquer qu'ils s'engagent dans une lutte pour le contrôle des établissements de nuit et débits de boissons en vue de capter les fruits d'un trafic de drogue, ou encore qu'ils se disputent le business particulièrement juteux des machines à sous.

Dans ce contexte, il est très compliqué de cerner tous les contours, de dessiner franchement les frontières. Il devient délicat de bâtir des châteaux de cartes judiciaires, des constructions intellectuelles. À un moment ou à un autre, tout s'effondre sous le poids de la violence sourde. Le seul critère qui vaille, c'est en réalité l'argent, l'intérêt bien compris. Je n'ai ainsi jamais compris l'expression de « voyou à l'ancienne ». De voyou à l'ancienne, je n'en ai jamais rencontré. Juste des voyous en réalité…

Les dés sont pipés

Ce qui caractérise la criminalité organisée est non seulement la violation de la règle, mais surtout la non-reconnaissance même de la légitimité de cette règle. La loi n'est pas acceptée. On justifie sa violation jusque devant les juges. J'ai ainsi parfois le sentiment que les dés sont souvent pipés. Un sentiment que confirment plusieurs affaires d'escroqueries au jugement. L'occasion d'éphémères succès judiciaires à l'origine de la condamnation des intéressés, mais aussi le signe que le métier doit constamment être remis sur l'ouvrage.

J'ai en mémoire deux procédures emblématiques. L'une concerne une tentative d'escroquerie au jugement en 2017, à l'occasion de laquelle l'un des frères Cassone[1] sera confondu grâce au travail du parquet de l'exécution des peines de Bastia. Il invoque, à l'appui de sa demande d'aménagement de peine, une promesse d'embauche dans une société qui n'existe pas... ou du moins n'a aucune activité réelle. Le juge de l'application des peines et le parquet de l'exécution des peines nous alertent. L'intéressé est condamné. L'autre procédure touche un membre de la famille Mattei. L'intéressé a versé de fausses promesses d'embauche pour obtenir une décision favorable du juge d'application des peines.

1. Le nom des Cassone résonne très fort dans le Milieu corso-marseillais grâce à son caïd emblématique, Roland, condamné dans l'affaire du Cercle Concorde, en septembre 2013, à dix mois de prison pour détention d'armes.

Il est mis en cause aux côtés de membres de la fratrie Lucciani, condamnés depuis en appel pour la destruction par incendie d'un hangar dans le cadre d'extorsions au préjudice d'un entrepreneur local de Corse du Sud.

Combien d'escroqueries identiques passent toutefois à travers les mailles du filet ? Combien de fois les intéressés se jouent-ils ainsi des règles censées s'appliquer à tous de manière égale ?

Je m'inquiète pour la jeunesse corse, le voyou devient le modèle de réussite sociale. L'exemple est terrible, d'autant plus terrible que ces mêmes voyous échappent trop souvent aux poursuites judiciaires. Je le dis, il y a une vraie nécessité que la justice ne soit pas un corps étranger en Corse, que l'État républicain soit partout chez lui. Notre travail cohérent dans le domaine du grand banditisme nous a malgré tout, selon moi, conduits à plusieurs victoires sur le plan judiciaire.

Les dangers du « paranationalisme »

Je me dois aussi d'évoquer la gestion pendant mon passage au parquet de Bastia des mouvements qu'on pourrait qualifier de « paranationalistes ». Avec le dépôt des armes par le FLNC en juin 2014, la flamme de la violence nationaliste s'est portée sur d'autres terrains et a pris d'autres formes, plus diffuses, moins radicales, mais tout aussi inquiétantes.

Je serai rapidement confronté à cette violence dans mes fonctions de substitut en charge des mineurs, ayant à traiter les suites violentes de grandes manifestations nationalistes, à l'issue desquelles de jeunes mineurs sont envoyés « au charbon » par des cadres soucieux de ne plus apparaître et de maintenir la pression sur les autorités.

Ces épisodes se clôturent par des procès ubuesques où des gamins de 16 ans se retrouvent devant le tribunal pour enfants confrontés à des risques pénaux lourds, pour avoir brûlé des poubelles, lancé des pierres – voire des cocktails Molotov – sur les forces de l'ordre, ou encore transporté des bombes artisanales à base de chlorate de soude. Ils expliquent alors benoîtement à leurs juges qu'en réalité ils ne comprennent pas les causes défendues, ni même les raisons de leur colère ! Ce que je veux bien croire…

Je pense également aux supporters du Sporting Club de Bastia ou aux mouvements violents d'agriculteurs, sans oublier les revendications étudiantes portées notamment par la Ghjuventù Paolina ou la Ghjuventù Indipendantista qui ont des relais très forts dans la population et dans la presse locale. Les affrontements sont particulièrement violents.

On saisit ainsi clairement que, contrairement aux gamins évoqués précédemment et se retrouvant dans ces heurts comme par hasard, sans réelle conscience, ni organisation, la violence nationaliste dispose encore de relais importants et de moyens logistiques non négligeables. Ce fut le cas entre février et décembre 2016, à l'occasion des multiples attaques de la sous-préfecture et de la gendarmerie de Corte à coups de cocktails Molotov et autres explosifs artisanaux.

Seules des interpellations ciblées des mis en cause les feront cesser en dépit d'attaques virulentes de la part des acteurs institutionnels contre l'action de la justice, élus ou autres.

Un événement assez exemplaire me vient à l'esprit, celui de l'occupation de la préfecture de Bastia, courant 2015. Ce jour-là des manifestants pénètrent à l'intérieur de la préfecture. L'administration donne l'ordre de ne pas les interpeller afin de ne pas envenimer la situation. Ils seront tous relâchés à l'extérieur du bâtiment. Mais le parquet ne laisse pas faire. Des représentants des forces de l'ordre sont blessés dans les affrontements, la violation de la loi est patente. Il s'agit ni plus ni moins que de faire respecter le principe d'égalité des citoyens devant la loi ; commence alors un épisode ubuesque au terme duquel les agriculteurs casseurs négocient leur reddition, puis menacent de « bloquer » les administrations déconcentrées de l'État si leurs camarades ne sont pas libérés.

Nous décidons alors d'aller au bout, de ne pas céder. Nous choisissons de procéder à de courtes gardes à vue afin d'éviter une flambée de violence et un éventuel assaut du commissariat de police de Bastia, devenu plus que plausible une fois la nuit tombée... Les manifestants sont déférés après deux rapides auditions. De permanence, je m'occupe de la gestion de la procédure pour le parquet. En dépit d'une enquête en urgence, les faits sont clairement établis. Les violences et le sentiment d'impunité de leurs auteurs sont caractérisés.

Plusieurs des intéressés me sont donc présentés dans le cadre d'un déferrement. Dans l'ambiance brûlante que l'on imagine, mon discours est clair : « J'ignore vos revendications. (...) Ce n'est pas mon sujet. (...) Mon sujet porte sur les violences commises. (...) Sachez que chaque fois que votre mouvement sortira du cadre de la loi, vous ferez l'objet de poursuites. »

Cela fait maintenant un peu plus de six mois que je suis en fonction. Je comprends là que la Corse est une extraordinaire caisse de résonance. La moindre petite histoire se transforme en roman...

Contre toute attente, j'apprends que mes propos sont relayés au sein de mouvements nationalistes pour me stigmatiser et me cibler comme un « ennemi de la lutte nationale ». Me voilà considéré comme un représentant de la justice coloniale. J'en souris, mais on me fait savoir qu'il faut se montrer prudent. On va tenter de ne pas trop m'exposer. Tout cela me paraît si absurde que je n'y prête guère attention. Je comprends toutefois que la frontière est mouvante en Corse... Le danger rôde.

Je me souviens également d'une autre affaire survenue un peu plus tard. Un militant lance une bombe agricole sur les forces de l'ordre, chargées de protéger les abords de la préfecture, qui sont par ailleurs victimes de nombreuses insultes racistes. Comparaissant libre, le prévenu est finalement condamné et incarcéré à la suite de mes réquisitions. L'ambiance est tout aussi tendue. Le public envahit la salle pour soutenir le comparant au délibéré. Des cris fusent : « *Liberazione, liberazione.* » Puis finalement les choses rentrent dans l'ordre.

Mais l'histoire n'est pas terminée. Lors d'une autre audience, relative à une affaire distincte, le même individu – qui est désormais sorti de prison et que je n'avais pas reconnu – s'approche de moi. Il m'insulte en me qualifiant de « pédale » et, face à mon étonnement, le répète à plusieurs reprises.

J'en informe immédiatement mon procureur. Je demande tout aussi immédiatement aux policiers présents d'interpeller le prévenu pour « outrage ». Mais une trentaine d'individus chauffés à blanc se précipitent à son secours, menacent de tout casser, hurlent qu'ils ne quitteront pas le palais sans leur camarade. La tension est maximale. Nous sommes contraints de relâcher le suspect si nous voulons éviter des violences, voire une émeute, au sein même du palais de justice de Bastia entre ces individus prêts à tout et les quelques forces de l'ordre présentes.

Vous avez là un raccourci saisissant de ce que peut être le fonctionnement de la justice en Corse. L'intéressé sera interpellé le lendemain au petit matin puis jugé, non sans que mes collègues me conseillent d'être prudent lors du retour à mon domicile. En blaguant, comme pour me rassurer sans doute, je leur ai indiqué que je m'astreindrais à faire un ou deux « coups de sécurité » sur la route, pratique normalement réservée aux malfaiteurs désireux d'éviter les « filoches »...

Dans ce contexte, je pense aux victimes courageuses qui bravent parfois la loi du silence. Dans un tel climat, où sans être insulaire la pression est importante, on peut aussi comprendre les réticences de certains témoins à affronter cette violence diffuse, mais bien réelle. Alors que nous sommes pour notre part exposés mais aussi protégés par nos fonctions, ces victimes ne peuvent compter que sur la modeste protection que l'État est censé leur apporter.

On peut déplorer un manque de collaboration avec la justice. On peut aussi le comprendre. C'est à ce prix que l'on pourra combattre la mafia corse, grâce non seulement aux outils que le droit nous offre – la domiciliation du témoin au commissariat, le témoignage sous X, le statut de repenti –, mais également grâce à l'investissement qu'il nous faut offrir à ces victimes ou témoins afin de renforcer leur confiance dans les institutions.

Or ce climat, en 2019, peut-il s'améliorer dans un contexte de mutation politique marqué par la victoire des nationalistes ? Je ne peux dire si les choses sont en train de changer. Je remarque une volonté affichée des leaders nationalistes de se démarquer des mandatures précédentes, du soupçon de corruption qui pèse fortement sur de nombreux membres de la classe politique corse. Je donnerai une réponse sibylline : il faut se confronter à l'épreuve du temps. Les structures et les facteurs d'immobilisme sont lourds...

Prenons l'exemple du dossier qui débouche sur la condamnation en appel, en mai 2018, de l'ex-président du conseil exécutif de Corse, Paul Giacobbi. Ce ne serait qu'une « petite » affaire de détournement de fonds publics si l'on ne prête attention qu'aux sommes concernées. Mais je rappelle que cette histoire est précédée de faits encore plus graves, deux assassinats qui ne sont pas élucidés, ceux du directeur général des services du conseil départemental de Haute-Corse, Jean Leccia, et de Dominique Domarchi, proche conseiller de Paul Giacobbi. Et c'est l'enquête sur ces assassinats qui générera les écoutes à l'origine de ce dossier financier. Pour le reste, les soupçons sur l'emprise de la mafia touchent plusieurs domaines : la gestion des amarres dans les ports de plaisance, les marchés publics de BTP, le contrôle de l'aide à la personne, la gestion des déchets, l'urbanisme, etc.

L'État se défausse

Or, en multipliant les aides financières, l'État se défausse beaucoup trop et prend le risque d'aiguiser les appétits.

La montée en puissance du nationalisme aggrave-t-elle pour autant l'affaiblissement de l'État et donc le renforcement de la mafia ? Pas forcément, car l'État en Corse est déjà trop faible ! Il convient en réalité de poursuivre le travail de raffermissement de ses missions en augmentant ses effectifs spécialisés en matière économique et financière au sein des services d'enquête ou en sacralisant le pôle « éco-fi » de Bastia.

Un autre constat toutefois : à part certaines associations comme U Levante qui lutte ouvertement contre la spéculation immobilière et pour la préservation du littoral, il n'existe pas à mon sens en Corse de sursaut populaire comparable à ce qui se passe – ou s'est passé – en Sicile face à Cosa Nostra. Là-bas, les gens sont descendus dans la rue, ont pris d'énormes risques, ont crié leur refus de la mafia. Des associations se sont insurgées contre le *pizzo*, le racket. Elles interviennent même dans les écoles pour détruire la culture de Cosa Nostra.

Je ne vois pour l'heure rien de comparable en Corse, même si bien évidemment la situation n'est pas exactement identique. Je me rappelle toutefois avoir vécu des mouvements ou élans populaires totalement inverses, à l'occasion des trois années de fonction qui ont été les miennes sur l'île. Je pense notamment à un dossier de trafic de stupéfiants qui donne lieu à l'incarcération du père d'un des mis en cause. Celui-ci a foncé sur les services de la PJ, chargés de son interpellation, qui ont dû ouvrir le feu sur son véhicule – heureusement sans faire de blessés.

Condamné lourdement en première instance, l'inculpé bénéficie d'une campagne de soutien sans précédent dans toute la microrégion d'où il est originaire. À coups de pétitions, sit-in ou autres mouvements de contestation de la décision de justice de première instance, tout ce beau monde clame qu'il s'agit là du meilleur des hommes. Ce n'était pas le sujet de l'audience... L'acte est grave, le tout sur un arrière-fond de trafic de drogues. La justice doit pouvoir se prononcer sereinement. Ce ne fut pas le cas. J'ai toujours été surpris de voir combien les liens de proximité pouvant unir certains délinquants avec leurs concitoyens semblent prévaloir sur les exigences de justice que nous tentons de porter.

Mon passage sur l'île de Beauté fut, comme vous l'aurez compris, d'une énorme richesse. J'ai eu beaucoup de chance de travailler avec tant de personnes de qualité. La Corse a ceci de spécifique qu'on ne perd pas de vue notre raison d'être, ni n'oublie les ressorts de notre engagement. Toutefois, je dois concéder que ce ne fut pas l'environnement magnifique dont je rêvais. Le métier de magistrat y est pour quelque chose, évidemment. Il agit comme un prisme déformant où nous n'avons bien souvent accès qu'à la face obscure des choses.

Je regrette qu'il m'ait été impossible de rencontrer réellement ce « peuple corse » dont on parle si souvent. Le peuple est en réalité le grand absent du combat en cours sur cette île pour une justice pleine et entière.

Remerciements

À tous ceux qui nous ont aidés dans l'élaboration de ce projet éditorial, et notamment aux magistrats qui n'ont pu témoigner dans cet ouvrage mais qui y sont étroitement associés, en particulier les juges et parquetiers de la JIRS de Marseille actuellement en fonction.

À Denis Robert pour ses utiles conseils éditoriaux.

Table

La photocomposition de cet ouvrage
a été réalisée par
GRAPHIC HAINAUT
30, rue Pierre Mathieu
59410 Anzin

FSC
www.fsc.org
MIXTE
Papier issu de sources responsables
FSC® C003309

L'Éditeur de cet ouvrage s'engage
pour la préservation de l'environnement
et utilise du papier issu de forêts gérées de manière responsable.

Imprimé en France par CPI
en janvier 2019

N° d'édition : 58007/01 – N° d'impression : 3031629